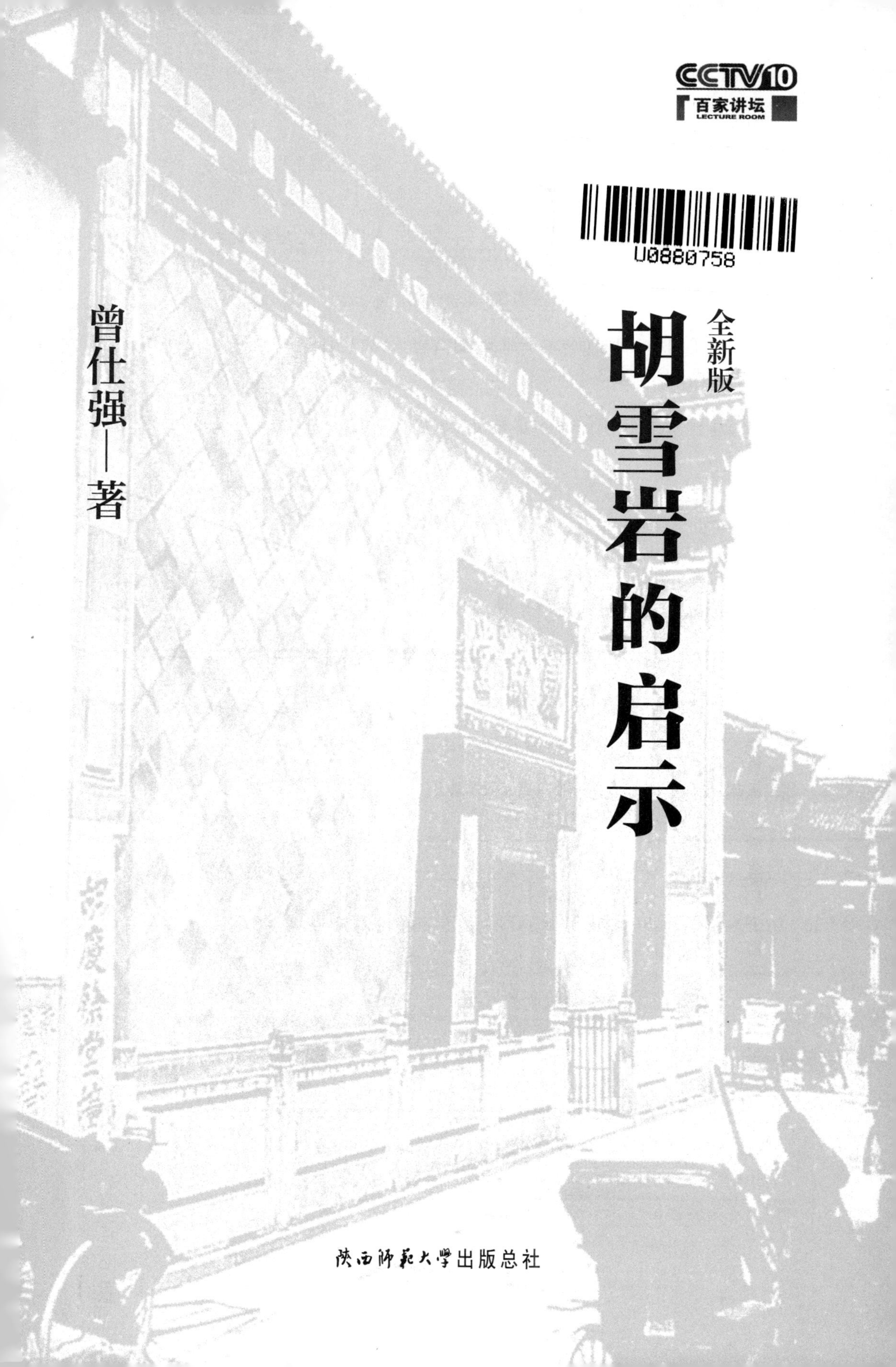

CCTV10 百家讲坛 LECTURE ROOM

胡雪岩的启示

全新版

曾仕强 著

陕西师范大学出版总社

图书代码　SK8N1128

图书在版编目（CIP）数据

胡雪岩的启示 / 曾仕强著. — 西安：陕西师范大学出版总社有限公司，2008.11（2017.4重印）

ISBN 978-7-5613-4460-6

Ⅰ.①胡…　Ⅱ.①曾…　Ⅲ.①胡雪岩（1823~1885）—人物研究　Ⅳ.①K825.3

中国版本图书馆CIP数据核字（2008）第151155号

胡雪岩的启示

著　　者 / 曾仕强
出 版 人 / 高经纬
责任编辑 / 姚蓓蕾
出版发行 / 陕西师范大学出版总社有限公司
（西安市长安南路199号　邮编：710062）
网　　址 / http://www.snupg.com
经　　销 / 新华书店
印　　刷 / 北京楠萍印刷有限公司
开　　本 / 787mm×1092mm　1/16
印　　张 / 15
字　　数 / 168千
版　　次 / 2008年11月第1版
印　　次 / 2017年4月第4次印刷
书　　号 / ISBN 978-7-5613-4460-6
定　　价 / 45.00元

目录

第一章　德行定终生

第二章　诚信为本

第三章　随机应变

第四章　患难见真情

第五章　福祸相依

第六章　重在朋友

第七章　以诚取信

第八章　大意留祸根

第九章　为富要仁

第十章　以智取胜

第十一章　先义后利

第十二章　盛名难副

第十三章　德业传百年

第十四章　阴沟能翻船

第十五章　冷静收残局

第十六章　自作自受

[第一章]

德行定终生

胡雪岩的出生地——安徽绩溪胡里村

胡雪岩是中国晚清时期的一位传奇人物，我们今天讲胡雪岩，并不是把他当作一个历史人物来研究，因为胡雪岩死前被抄家，留下的资料很少。但是关于胡雪岩的传奇故事，却在民间口耳相传，流传甚广。

胡雪岩出身贫寒，却在短短十几年的时间里迅速发迹，成为当时富可敌国的巨商富贾；他替清朝政府向外国银行贷款，帮助左宗棠筹备军饷，收复新疆，慈禧太后赐他黄袍马褂，官封极品，被人们称为红顶商人；他奉母命建起一座胡庆余堂，真不二价，童叟无欺，瘟疫流行时还向百姓施药施粥，被人们称为胡大善人。然而，富可敌国的胡雪岩，却在短短的三年时间内倾家荡产，仅仅六十二岁就郁郁而终。

一百多年过去了，人们为什么还记得胡雪岩？因为他创办的胡庆余堂还在，因为他修建的大宅子还在，更因为他传奇的一生，给我们留下了许许多多的思考。胡雪岩的一生，为什么会如此大起大落？他成功的经验是什么，他失败的教训又在哪里？

在中国历史上，商界有两位圣人，一位是陶朱公，另一位就是胡雪岩，所以流传着“古有陶朱公，今有胡雪岩”的说法。

陶朱公就是范蠡，他帮助越王勾践打败吴王夫差，实现了复国的理想。范蠡的更了不起之处，在于他功成之时，毅然选择身退，由官转商。短短几年，他经商积资又成巨富，自号陶朱公，当地民众都尊他为财神，留有《陶朱公家训》，为历代商人的经营宝典。

胡雪岩又是谁？他是清朝末期一位很了不起的商人，被大家尊称为“商圣”。要被中国人称为圣人，那是非常不简单的事情，而胡雪岩做到了。胡雪岩跟范蠡相反，他是先经商，而后介入官场。但他没有做到功成身退，最后只落个一败涂地。同为商圣，经历和结局却截然不同，这正是我们值得研究的关键。

胡雪岩生于清道光三年（1823 年），死于清光绪十一年（1885 年），终年六十二岁。他跟大多数人一样，出身贫困。如果胡雪岩出身富贵，或者天赋异禀，那也用不着研究，因为我们没有办法从中得到什么对自己有用的启示。胡雪岩在六十二年人生路程中，跟所有人一样，都经历了童年、少年、青年、壮年、老年，最后走向生命的终结，但是他的人生过程，却充满了跌宕起伏，充满了大起大落，从而为我们提供了很多可以引以为鉴的经验教训，值得我们花时间来仔细地了解并加以研究。

古有陶朱公　今有胡雪岩

有人可能会问，胡雪岩已经去世一百多年了，在这期间，中国出现了那么多的商人，难道就没有一个人能超过胡雪岩？为什么还说“今有胡雪岩”，这个“今”字又怎么讲？

到了新疆，我们第一个想到的人应该是左宗棠。因为如果没有左宗棠，新疆这块占中国领土六分之一的大好河山，很可能已经变成外国人的地盘。当时，中亚细亚有一个酋长叫阿古柏，他在外国势力的支持下，一直想把新疆分裂出去，成立一个独立的国家。清朝名臣左宗棠，主张出征西北，收复新疆。但打仗是需要钱的，要给士兵发放粮饷，要给马匹备足草料，军械弹药也都需要购置，这是一笔庞大的费用。那时的清廷腐败无能，国库空虚，根本无力支付西征所需要的巨额军费，再加上东南沿海告急，同为权臣的李鸿章主张海防重于塞防，极力反对西征新疆。清廷虽然两边都支持，但却根本拿不出钱来。最后是谁支持了左宗棠？是胡雪岩，是他供给了左宗棠收复新疆的大部分军费。

大家一定会想，胡雪岩出身贫困，连政府都供应不起的军费，他一个人怎么就能承担得了？胡雪岩是有这个能耐的。短短十几年的时间，他就迅速累积了巨额财富，曾一度拥有三千万两白银的资产。当然，单凭他个人的财力，要支付整个军队出征的费用也很困难，所以他替清政府向外国银行贷款。因为清政府向外国银行贷款，外国人根本不答应，他们不信任清廷，怕清政府无力偿还。但后来胡雪岩凭个人的担保，以自己的资产做抵押，居然借到这笔巨额贷款，这才保证了左宗棠顺利出征，新疆也才得以收复。左宗棠曾再三地跟西太后讲，如果没有胡雪岩，这个仗打不下来，胡雪岩的功劳不输于任何冲锋陷阵的将领。左宗棠在给朝廷的奏折中写道："胡雪岩，商贾中奇男子也。人虽出于商贾，却有豪侠之概。"

我们从阴阳的角度来看，左宗棠站在明处，我们都知道他有贡献，有功劳。可是我们不能忘记，背后还有一个我们看不见，但却是真实存在的功臣——胡雪岩。

我们中国人习惯把死去的人和死去的人比较，不便把活着的人和死去的人作比较。因为人活着就还会变，只有死了不会再改变，我们才可以放心去评判。所以盖棺定论，才能算数。胡雪岩一生最大的功绩，就是帮助左宗棠收复了新疆，保证了我们祖国领土的完整，在这一点上，没有任何一个逝去的商人能够与之相比。

中国人的时间观念比较特别，只要现代的商人没有能超越胡雪岩的，即"后无来者"，我们就认为他就是"今"，所以我们才说"今有胡雪岩"。

胡雪岩出身很平凡

西方人看到一个小孩儿，大多会问："你叫什么名字？"中国人多数不会这样，因为在我们看来，一个小孩子叫什么名字并不是很重要。我们一般会问："你爸爸是谁？"我们为什么关心孩子的爸爸是谁？问这种话的动机是因为"势利眼"，要根据爸爸是谁来决定对待孩子的态度吗？不全是。

西方人的家庭，是由血缘关系进入短暂性的亲情关系，所以个人主义盛行，知道孩子叫什么就好了，没必要去管他爸爸是谁。而中国

胡雪岩的启示	家庭教育，决定了一个人的基本修养。

人的家庭，由血缘关系进入亲情关系还不够，还必须建立伦理关系，所以家教和家风十分重要。我们觉得，由家族来认识家庭，由父母来了解子女，比较方便且准确。

我们要研究胡雪岩，一定要知道，他一生的良好基础，是在家庭里面培育出来的。一个人小时候的成长环境和家庭教育，对他一生都会有十分深刻的影响。我们中国人骂一个人，只会骂他没有家教，从来不会骂他没有接受良好的学校教育。可见，学校教育是教人才能和学识的，而一个人的基本修养，要由家庭负责。那胡雪岩出生在一个怎样的家庭？他的父母都给了他怎样的影响呢？

安徽绩溪胡里村，山清水秀，自然环境优美，一条登源河由东向西绕村而过，历史上这里文风鼎盛，名人辈出。胡雪岩就出生在这里。他本名光墉，字雪岩，在家里排行老三。他的父亲胡鹿泉，字芝田，读过几年书，是位有文化的乡里名士。家里有几亩薄田，自耕自足，兼做一些小生意，勉强维持一家人的生活。

胡家有一条家训：读书做生意可以，但是不能为官。所以，胡雪岩的父亲没有走读书求官的道路，同样也不希望胡雪岩当官。我们无法说这种家训是好是坏，因为每个家庭都有自己的想法，我们不必追究，那是他们自己的事情，我们只要予以尊重和包容就好了。

胡雪岩读书的时候非常认真，老师所讲的道理他有听不懂的，回家一定会请教父亲。我们可能会想，胡雪岩家境不富裕，既然父亲有文化，自己教他就好了，为什么还要花钱读私塾呢？我们要知道，教育子女需要易子而教，自己的孩子，你再有本事也很难教得好，这是老天爷很公平的地方。胡雪岩的父亲也知道这个道理，所以再穷也送他到别人家去读书。胡雪岩从小就非常听父母和老师的话，父亲喜欢唤他作“顺官”，用安徽话念，叫作“顺乖儿”（音），就是又顺又乖的意思。

胡雪岩的启示	读书如果不明白道理，等于白读。

胡雪岩只读过两年的私塾，并没有受过高深的教育，了不起就是读过《三字经》《千字文》等这样一些很基础的东西。从这里我们也看得出来，其实做人做事，一些很基本的东西就足够用了。太高深的学问，只是少数人在用，对多数人而言是没有用的。但是胡雪岩从小就知道一点——读书要明理。如果不明白其中的道理，读了也等于白读。因为死背书是没有用的，书读了以后，要去想通其中的道理，然后照里面的道理去做。做人做事都按照道理，是胡雪岩成功的一大关键。

胡雪岩的父亲生意做得很小，收入微薄，胡雪岩的两个弟弟降生以后，家里吃饭的人更多了，本来就不宽裕的生活变得更加捉襟见肘。所以胡雪岩八岁的时候，就开始替人家放牛。

有一天，他在野外放牛，碰到很多小伙伴，于是他就把牛拴好，跟伙伴们一起玩了起来。其中有一个小孩子，一不小心掉进了山沟，其他的孩子一看情况不对，都吓得跑回了家。只有胡雪岩沉着冷静，他慢慢摸索着下去，把那个孩子拉了上来，然后扶上牛背送回家去。当时，所有的邻里都赞扬他，说他机灵、勇敢，又有好心肠。看了这一段故事，我们应该想到一句老话，叫作“三岁看大，六岁看老”。我们看一个人，三岁的时候，大概就能够看出他长大以后是什么样子；到了六岁的时候，就可以想象他老了以后是什么德行。

有人可能会问，现代社会千变万化，人的一生也会发生很大的变化，难道六岁之前所形成的品德，真的能够决定一个人的终生吗？答案是肯定的。一个人在社会上，有多大的本事，有多大的才干，在我们中国人看来不是很重要。外国人是以能力为本位，认为有能力就了不起，中国人不是这样。中国人更看重人的德行——你的品德基础好，才能越高越好；你的品德不好，才能越高别人反而越害怕，因为这样更容易做坏事。

胡雪岩的启示	小时候是看品德，不是看才干。 一个人品德基础良好，一生都会很稳固。

一个人三岁到六岁，我们根本看不出有什么本事，看不出有什么才能。否则的话，三岁就知道他长大会当工程师，会当科学家，那岂不是笑话吗？我们三岁到六岁，是看人的品德，不是看他的才干。胡雪岩从小品德就非常高，正像邻居夸他的那样，机灵、勇敢、好心肠。胡雪岩一生的经历，也正是对这句话最好的印证。

我们教育孩子要注意，童年重点培养的是孩子的品德，知识以后再去学，不必着急。胡雪岩成长在一个单纯朴素的乡村，这其实对他是非常有利的。因为那些杂七杂八的东西他都看不到，可以安安心心地在品德方面学到一些东西。一个人品德基础良好，一生都会很稳固，将来再坏也坏不到哪里去。这是胡雪岩的父母一贯坚持的家风。

胡家的长子胡光鉴出生以后，父亲胡鹿泉在生意上遭到很大的挫折，而次子胡光鼎的夭折，更是让胡鹿泉伤心欲绝。胡雪岩之后又有胡光培、胡光椿两个弟弟，这使得家境更加穷困。在一连串的打击和生活重压之下，胡鹿泉的身体每况愈下。胡雪岩十二岁的时候，父亲就过世了。父亲临终的时候，把胡雪岩叫到床边，嘱咐他说："欲兴吾家，其唯顺儿乎！"他这是告诉胡雪岩：你要好好做人，好好做事，我们胡家就靠你了。可见，知子莫若父——爸爸是最了解儿子的。

父亲去世以后，生活的重担一下子压到了胡雪岩母亲一个人的肩上。在那个时代，一个寡妇抚养照顾好几个孩子，生活的艰难是可想而知的。但是，对胡雪岩一生影响最大的人就是他的母亲——金太夫人。金太夫人一路陪着胡雪岩走到最后，她活得比胡雪岩还要久。

胡雪岩的母亲在当时是毫无地位的，甚至在胡家的祠堂里面，连他们家的资料都没有。但是我们从后人有意无意留存下来的胡雪岩的故事里面，却可以找到一个很明显的脉络，在这当中，他的母亲金太夫人一直扮演着很重要的角色。在这样的一个单亲家庭，一个没有读过什么书的寡妇，为什么能够把儿子教得如此出色？我们不得不更加佩服胡雪岩的母亲，而这也正是中国母教了不起的地方。

胡雪岩的启示	一个人要包容别人对自己的态度，不能事事计较，不能总是要求别人。

中国的母亲怎么教育孩子？其实就是按照一般做人做事的基本道理去教导而已。金太夫人没有教胡雪岩弹钢琴，也没有教他学美术，她给胡雪岩的就是一个健全的人格，这正是胡雪岩成功的基础。胡雪岩的母亲从小就跟他讲，到私塾里面要听老师的话，不要吵闹；替人家放牛，要好好看管，不要只顾着自己玩儿；出去当学徒，要听老板的话，要把老板交代的事情做好……胡雪岩从小就是在这样朴素的耳提面命下，慢慢成长起来的。

除了言传之外，胡雪岩的母亲更加注重身教。面对窘困的家境，金太夫人从来没有在胡雪岩面前抱怨父亲早早离世，使得孤儿寡母无人照顾。现在的单亲家庭很多，不少父母整天在孩子面前抱怨另外一半，这样的父母本身心理就不健全。同样是单亲家庭，胡雪岩的母亲把他教得这么好，这是值得我们重视的。另外，金太夫人跟左邻右舍也都相处融洽。她凭的是什么？因为她与人为善，只要能够帮到别人的地方，她一定会尽量地去做，而且从来不要求什么回报。一个人要包容别人对自己的态度，不能事事计较，不能老要求别人。金太夫人的这些行为，深刻影响了胡雪岩的人生态度，使他一生受用无穷。所以胡雪岩一生非常感谢他的母亲，对母亲始终十分孝顺。

良好的成长环境和家庭教育，再加上自己的领悟和实践，为胡雪岩以后的道路奠定了坚实的基础。胡雪岩不但听父母的话，而且自己会去想，父亲为什么这样交代我，母亲为什么这样教导我。他如果像一般人一样，只怪自己命苦——为什么我生在这么贫穷的家庭，长在这样闭塞的乡村？然后就自暴自弃，那还有什么成就可言？我们由此可以看出来，一个人不管生长在什么地方，不管先天条件怎么样，最后成功与否，完全是看后天怎么努力，怎么样去走出自己的路来。先天的环境和后天的努力结合起来，才会造就一个人。同样与胡雪岩在胡里村长大的伙伴，最后发展却不一样，就是每个人努力不同的结果。

胡雪岩的启示	信用是人的第二性命。

胡雪岩基础很稳固

胡雪岩取得这么大的成就，可能很多人会认为他一定有什么成功的秘诀，或是常人不具备的过人之处。其实没有。童年的生活，塑造了胡雪岩一些很朴素的性格，而这些也是我们每个人都做得到的。

第一个，勤劳。中华民族是全世界最勤劳的民族，这是每个中国人身上都具有的一种品质。胡雪岩贫寒的家境，造就了他勤劳的品格。

第二个，节俭。小时候所遭受的困苦使胡雪岩清楚，有钱不能乱花。但节俭不是吝啬，钱要用在刀口上，该花的钱一毛钱不省，不该花的钱一毛不花。中国有句古训，叫“当省不用，当用不省”，正是这个道理。

第三个，忍耐。胡雪岩如果不忍耐，他是没有办法面对一生所遭遇的种种挫折的。我们要了解，一个人如果没有做大事就算了，既然做大事，就要面对困难和挫折。挫折越严重，你就越知道自己是要做大事的人，这样激励自己，才能成功。

第四个，讲信用。信用是人的第二生命，胡雪岩对此坚信不移。不管公私事务，他都诚信守诺，所以听到他讲的话，大家从不质疑。当时外国银行不信清廷而独信胡雪岩，肯把巨额款项借给他，被世人认为是奇迹。这可能吗？但事实就是这样。

第五个，不跟别人比。一般人要争气，就是跟别人比。胡雪岩非常争气，但是他从来不跟别人比。这点是很多人没有觉悟到的。胡雪岩跟谁比？他跟自己比。很多人跟他讲别人如何如何，他总是说那是别人的事，我走我自己的路。我们都认为同业一定会竞争，胡雪岩却不是这样想的。他觉得，对手怎么经营是对手的事，自己怎么经营是自己的事。自己把事情做好，不是为了把别人比下去，而是为了证明自己比以前有了进步。这一点，值得我们好好思考。

第六个，不求回报。胡雪岩帮助别人，从来不求回报。我们帮助别人的时候，常常怕对方记不住我们的人情，就怕别人以后忘记报答，其实这是不必要的。当你给乞丐一块钱的时候，你会想到将来要他归还吗？如果真是要乞丐回报的话，恐怕自己也变成乞丐了。既然我们给乞丐的钱，从来没想过再去要回来，那为什么帮助别人就一定要回报呢？我们力所能及地帮助别人，不图回报，这才是应有的态度。

第七个，好学的态度。一个人如果从小培养起喜欢读书、求知好学的兴趣，比什么都重要。胡雪岩到哪里都知道自己要学什么，要听什么，要做什么。他的母亲无法教导这些，他的妻子也没有什么学识，但他能够自己闯出一番事业，就是靠这样一种好学的态度。

第八个，英雄不怕出身低。我们每一个人，都应认识现实，顺应现实，但不要为现实所阻碍。胡雪岩的出身是很低的，但是他后来的成就是很多出身好的人都赶不上的。所以，不必介意出身如何，只要肯努力，谁都有可能成功。

[第二章]

诚信为本

进内交易，胡庆余堂店铺不沿街而开，通过一条曲径通幽的长廊，才能步入营业大厅；建筑形制宛如一只仙鹤，寓示“长寿”

家道衰落和父亲的去世，让胡雪岩早早就体会到了生活的艰辛。家里入不敷出，胡雪岩八岁就开始给人帮工，因为年龄小，当地又没有什么就业机会，他只好替人家放牛，以此赚钱补贴家用。到胡雪岩十三岁的时候，一个看似偶然的机会改变了他的命运。

其实每个人都有自己人生的第一次机会，关键是看我们怎么去面对。胡雪岩的第一次机会是什么？他是怎么去面对的？又是怎么得以走出家门，逐步进入钱庄的呢？

放眼世界，任何国家和地方，总是穷人比较多些，富人相对的少些。所以我们应该清楚地树立一个观念：贫穷不是罪恶，富贵也并不可耻。哪个穷家子弟不想改善自己的家境？但是贫富的事情我们很难做主，往往无能为力。连孔子都承认，富贵不是人所能够控制的。因此，胡雪岩能够走出贫困，获得大好前程，绝非偶然，其中有很多道理，值得我们好好仿效和学习。

胡雪岩的第一次机会

一个风和日丽的下午，胡雪岩像往常一样到野外放牛，他把牛赶到草地上吃草，自己便想去不远处路边的凉亭里休息一下。走进亭中，他发现里面有一个挺大的蓝布包袱，上前伸手摸了摸，硬邦邦的，又掂了掂，分量很重。他不禁好奇，于是打开了包袱，想看一看里面到底是什么东西。这一看不要紧，着实把胡雪岩吓了一跳——包袱里面全是金银财宝。我们不妨假设一下，一个十三岁的乡下孩子，突然碰到这样一件几乎料想不到的事情，他会怎么反应？

一种反应是赶快抱起包袱，拿回家去交给妈妈，然后告诉妈妈，从今以后就不必像从前那么辛苦了，这些金银财宝够全家人过几十年了。他会这样做吗？如果这样做，那这个机会就害了胡雪岩。你捡到十两银子甚至一百两银子，偷偷拿回去，可能不为人知。但捡到这么大的一笔财物，一旦被人发现，必然是会被抓去坐牢的。

就算胡雪岩能够想到这点，先找个偏僻的地方，把财宝埋起来。等到风声过去，大家都不注意了以后，他每次挖一点儿出来，然后慢慢拿去变卖，这样或许会很安全，也应该没有人会发现。但是做这种事情，总是一辈子良心不安的。如果胡雪岩有这种反应的话，我们确信他也不会有大出息的。

母亲的教育让胡雪岩明白，这些东西既然不是自己的，就一定不能拿，而且失主此时也一定是着急得要命，肯定在四处找寻遗失的包袱，所以他决定原地等待失主。

胡雪岩如果就是呆坐在那里傻等，其实也是很危险的。假如有人发现失主在四处慌忙地找东西，又得知曾经从凉亭这里经过，于是抢先赶来，问胡雪岩有没有捡到东西，然后胡雪岩就稀里糊涂地把包袱交给他，那不就上当了吗？由此可见，任何事情，哪怕是好事，假如思虑不周，处理不好的话，都可能办坏，即便好事也会变成坏事。

以上的假设，胡雪岩都没有做。他先把包袱藏到草丛里面，然后好像没事儿一样，坐回那里等待失主。可是，一直到太阳快下山了，也不见有人过来，胡雪岩的肚子叽里咕噜叫了起来，但他还是强忍住饥肠辘辘，继续坐在那里等候失主。

终于，有一个人神色慌张地跑了过来，开口就问："小哥小哥，你有没有看到我丢的东西？"

胡雪岩并未直接回答，而是很沉稳地反问："你丢了什么？"来人说："丢了一个蓝色的包袱。"胡雪岩听他这么说，才继续问他："里面都有些什么东西？"

来人一听就知道东西找到了，否则这个少年怎么会这样问呢？于是赶忙把里面的东西一一说来。胡雪岩见他说得分毫不差，这才将包袱取出还给了失主。

包袱失而复得，失主当然非常高兴，于是从中拿出两样东西，对胡雪岩说："这个给你，算是对你的酬谢。"胡雪岩连忙拒绝说："不要不要，这本来就是你的东西，我又没有做什么，本来就是该还给你的。"

失主听后大为感动，于是告诉胡雪岩："我姓蒋，在大阜开有一家杂粮店。你这么好的小孩子在这里放牛可惜了，如果你愿意跟我出去，我收你当徒弟……"

胡雪岩会不会答应？

胡雪岩如果当时就说"好，我跟你去"，相信蒋老板以后也不会好好教他。说走就走，这样的孩子心目当中根本没有父母，以后又怎么可能会有老板呢？这样的徒弟当然不会被老板和师父看重。

胡雪岩是这样说的："我现在不能答应你，要回去问过母亲。如果母亲同意的话，我当然乐意跟你去。"蒋老板一听，更是觉得这个徒弟他收定了，所以就说："好好好，我把地址留给你，如果你跟母亲谈妥了，就过来找我，我那边给你安排好一切事情，你都不用担心，我一定会好好教你。"

胡雪岩回家以后，把整个经过告诉了母亲。母亲听后十分高兴，儿子有这么好的机会当然要去，这是求之不得的好事情。于是胡雪岩十三岁的时候，独自一人离开了绩溪胡里村，按照地址找到大阜的蒋老板，开始了在杂粮行的学徒生涯。

从大阜到金华

人生的第一次机会，胡雪岩牢牢地抓住了，他表现得近乎完美，没有任何缺失。但是，胡雪岩如果一直在杂粮行混下去的话，他能有什么出息？所以我们一定要清楚，机会是接二连三的，是持续发展的，但是这也要求我们每一次都不能有丝毫差池，否则之前所做的一切都可能前功尽弃，付诸东流。

胡雪岩在大阜杂粮行里面的勤快自不必说，老板交代的事情，当然一丝不苟；老板没有交代的事情，能做也尽量去做。现在很多年轻人不是这样，总是先看老板给自己多少钱，然后才去做多少工作，这样的人不会有什么发展。胡雪岩完全没有这种想法，因为他明白，老板的态度怎样，那是老板的事情，但机会对于自己是何等的难得，既然出来了，就要好好学，学到手的东西才是自己的。胡雪岩越是这样想这样做，蒋老板就对他越发地喜欢，越发地看重。

时间就这样飞快地过去了两年，转眼间胡雪岩十五岁了。

这一年，一位金华的客商来杂粮行谈生意，可是刚到大阜就病倒了。说到金华，我们就会想到金华火腿，不错，这位客商正是一家金华火腿行的掌柜。他在大阜举目无亲，无人照顾，拖着病体又回不了金华，心里十分着急。身体本来就不好，再加上急火攻心，病情更加严重了。胡雪岩心地善良又是个热心肠，得知此事后，就赶到他的病榻前，一连多日给他端药送饭，忙前跑后，照顾得十分周到。在胡雪岩的精心照料下，没过多久，客商的身体就痊愈了。这位客商十分感动，就问杂粮行的蒋老板怎么会有这么好的徒弟。于是蒋老板把自己包袱失而复得的经过，以及胡雪岩在自己店里的表现跟他细说了一遍。

金华火腿行的掌柜听后大为感叹，就主动问胡雪岩：“我们那里比大阜好玩得多，你随我一起到金华如何？”胡雪岩还是同样的态度：“这个不行，要问我们的老板。老板同意，我才可以答应你。如果老板需要我在这里，虽然我想去，但是也不能跟你走。”胡雪岩说得多好！

胡雪岩的启示	人生就是不断做出合理的阶段性的调整。 每一个人走到什么地步，都是自己替自己负完全的责任。

胡雪岩把金华掌柜的意思告诉了蒋老板，蒋老板欣然答应，因为金华火腿行要比自己的杂粮行规模大上许多，对胡雪岩而言也是一个更大的机会。一个好老板，看到自己的伙计有更好的前途，没有不高兴的，再怎么讲也是他培养出来的人才。于是，胡雪岩从大阜来到了金华。

很多事情，哪怕差之毫厘，都可能给人很坏的印象，可能错失机会，可能使好事变成坏事。胡雪岩每样事情都做得十分圆满，这对一个十几岁的孩子来说，是很不简单的。到这里我们应该可以看出，人生是什么？人生就是不断做出阶段性的合理调整。在家放牛，就要像个放牛的，要把牛照顾好；在外做学徒，就要像个学徒，要让老板满意。就算别人问话，该怎么回答，也一点儿都不能出差错。如果胡雪岩在杂粮行里好吃懒做，就算他照顾了金华火腿行的掌柜，掌柜的也不会主动去要他，顶多给点钱表达一下谢意就是了。所以，一个人好好做事，不单是对别人好，更多的是对自己好。胡雪岩勤奋好学，粗活细活统统干，就算活在现在，也是每个老板都想要的人。

我们还有一句话，叫“不求人，格自高”。一个人求人的时候，总会觉得自己好像矮了一大截。胡雪岩做人不求人，人家就会反过来求他，问他“你愿意跟我走吗”。这是完全不一样的。靠谁？靠他自己！所以，每一个人走到什么地步，都是自己替自己负完全的责任，不能总是埋怨别人。孔子说，不怨天不尤人，就是这个道理。怨天尤人有什么用？自己反省一下，改变一下自己，调整一下自己，这才是正道！

如愿以偿进钱庄

胡雪岩到了金华也是一样，什么都听，什么都学。因为金华火腿行的规模比较大，所以跟很多杭州的钱庄都有业务往来，于是胡雪岩终于有机会亲眼看见了以后影响他一生的东西——银票。从前，钱庄可以印发钱票，和当铺开据当票一样，不过当票是方形的，钱票是长方形。钱票的纸质也比当票好一些，票面用青色或彩色印上钱庄的招牌，钱额多少可以由钱庄专门写钱票的人直接用墨笔写上去，写好后再盖上几个红印泥的图章，这图章和字迹是不容易伪造的。胡雪岩当时惊得是瞠目结舌，因为他难以想象，钱怎么会抬笔写在一张纸上就算数呢？

胡雪岩为什么对银票有那么大的兴趣？我们相信，家境越穷的人，对钱的价值就会看得越重。胡雪岩心里想，从前以为钱都是由官府造的，民间不能铸造，现在知道有钱的人可以自开钱庄，要多少钱就可以写多少钱，这不是比官府更好吗？将来自己也开个钱庄，做一个钱庄老板，就可以无限制地用钱了，这该多好！胡雪岩会这样想，其实也是人之常情。从此，胡雪岩的一生都跟钱庄结下了不解之缘。胡雪岩一生大部分时间都是做钱庄生意，用现在的话讲就是开银行。我们都会有种认识，开银行的人是很有钱的。因为用钱来赚钱，钱滚钱，当然比用人力赚钱来得容易。所以胡雪岩暗下决心，我一定要到钱庄里去当学徒。

一般人有了这样的想法，可能就会直截了当地问：你们那里需要学徒吗？我能不能去呀？但胡雪岩虽然心里有此打算，却没有开口，这是他很了不起的地方。因为一开口你就是求人，如果对方不同意，岂不是很尴尬，而且也会得罪原来的老板。我们经常看到一面，就伤害另一面，就是因为缺少这种平衡的思想。

胡雪岩碰见钱庄前来收账的人，总是问长问短：你们钱庄有没有学徒啊？他们都学些什么啊？都做些什么事啊？他专问这些，对自己想去的事情却绝口不提。

胡雪岩还有更了不起的——当他打听得知钱庄的学徒要算钱算得

胡雪岩的启示	人要抓住机会来让对方了解你有什么本事。

很快，要算盘打得很熟，要写字写得很漂亮时，他二话不说，马上开始每天暗自练习书法，练习珠心算。因为用心，当然进步很快。

胡雪岩很有心计，在与钱庄的人核对账目的时候，他都不用算盘，全靠心算报账，而且算得又快又准。钱庄的人自然很快注意到他，称赞这个小孩子真是不得了，怎么算这么快？这时他又拿起算盘，啪啪啪一打，更快！这样一来，钱庄的人对他更加刮目相看。

钱庄的人见胡雪岩又勤快又好学，不由跟胡雪岩的掌柜谈论起他来。掌柜把以前的事一说，客商觉得胡雪岩不光勤快好学，而且还拾金不昧，诚实守信，于是马上说：我们钱庄就是需要这样的人，你愿不愿意把他让给我呢？就这样，胡雪岩又得到了很好的机会。

一个人除了把握机会，还要能自己创造机会，让对方了解你有什么本事，这个更加重要。我们看到，胡雪岩没有开口要求，他只是尽量去表现，表现到让别人看中他，机会自然就来了。他从问的当中，他从准备的当中，让别人觉得虽然他还没进钱庄，但俨然已是个钱庄的学徒了。因为就算是在钱庄，给学徒的培训也不过如此。一个人确定了方向以后，不要先考虑眼前有没有机会，而要先做好自己能做的准备，等到一切准备充足了，机会自然水到渠成。

我们可能也会想，胡雪岩年纪轻轻，这样一再地变换工作，用现代话讲就叫跳槽，这是不是不安分的表现？话分两头，如果胡雪岩只是为了多赚几个钱而去跳槽，如果是因为跟老板或同事处不好而不得不换工作，那我们觉得这个人修养实在太差。因为一个人不在同一岗位上长期工作，很难积累起丰富的经验。这种人跟抹布没有两样，这里抹一抹，那里抹一抹，早晚会被丢掉。胡雪岩不是那样，他是工作做得很好，能力提升得很快，因此才被别人看上的，那又有什么不能去呢？何况，把他送走的人心里也是很愉快的。所以同样是跳槽，像他这样跳槽其实是求之不得，是一桩美事。如果是被迫跳槽，是不忠

胡雪岩的启示	同样的机会，对某些人来讲是好事，但对某些人来讲却是危险的事情。

心而跳槽，或者是单纯的为了钱而跳槽，那就不可取了。可见，每件事情都可以从两面来看，这才叫作阴阳文化。

我们回过头来分析一下，胡雪岩十三岁离开家门，十九岁如愿进入钱庄，一个现在来说还是依偎在父母身边的少年，是什么原因让他独自一人离家在外，却能走得这样顺利而且稳牢呢？

把握好机会

一般人经常求神拜佛，希望神明保佑自己一切顺利。神佛没腿没脚，一天到晚呆坐在那里，他会帮你忙吗？求神不如求人，求人不如求己，最后还是要靠自己！中华民族其实不是一个拜神的民族，我们是礼佛的民族。礼佛跟拜神有什么不同？礼佛是一种礼貌，就是我们看到神佛就会跟他打个招呼，这样叫作礼佛。但我们基本上是不求神的，因为真正要做事情还得靠自己。

在绩溪胡里村度过的童年时光，是胡雪岩人生的第一个阶段，良好的家庭教育是人生最宝贵的资源，这为他的人生打下了最为坚实的基础。胡雪岩走出家门以后，能够一步一个脚印平稳地发展下去，这与他童年所形成的积极而良好的心态是分不开的。

虽然生活贫困，但胡雪岩没有一天到晚抱怨自己运气坏，抱怨为什么出生在这么一个贫困的家庭。相反的，他做好了充分的思想准备，机会不到，无可奈何，一旦有了机会，就一定要牢牢地抓住。

其实机会到来的时候，对他也是一个考验。我们不要一厢情愿地认为，有机会就是好事情，也不见得。同样的机会，对某些人来讲是好事，但是，对某些人来讲却是危险的事情，就看个人怎么去面对。胡雪岩走出去以后，他没有急功近利，贪多求快，而是按部就班，一步一步平平稳稳地去发展。但是很多人看到机会来了，就想立竿见影，想一夜之间能有很大的成就，这都是不正常的心态。

胡雪岩的启示	作为一个中国人，心中一定要有父母的存在。

心中有父母

做子女最重要的是什么？不是会打算盘，不是会说英语，不是能背四书五经，而是心中要有父母的存在。我一辈子不敢做坏事，不是惧于法律的威慑，而是怕丢父母的脸。

现在的孩子这种观念很淡薄，认为自己爱怎么做就怎么做，跟父母没有关系。我们前面讲过，中国人骂人，一开口就说没有家教。说他没有家教，就是说他的父母没有管教好。中国人看到一个小孩子胡作非为，就骂他爸爸，骂他妈妈，说他没有家教，这在外国人看来是很奇怪的事情。作为一个中国人，一定要记住，我们活一辈子，千万不能丢父母的脸。只要小孩儿心中有父母，就会规规矩矩地做人。

一个人怎么想并不重要，如何做才比较重要。光是想要好好做，结果没有任何行动，那还是等于零。胡雪岩统统是用实际的行动来表现：捡到那么一大笔金银财宝，他毫不动心，不要就是不要。实际上他是聪明的，因为想要也要不到，那么一大堆抱回家去，迟早还是会被人知道，这样他一辈子的信用就没有了。可是很多人就是糊涂，只看到眼前，不顾及长远。胡雪岩规规矩矩，再辛苦也要等到失主回来；当蒋老板开口要带他去当学徒的时候，他说要先问妈妈；只身一人到了外面，他依然好好表现。这些是为什么？因为他心中有父母，怕丢父母的脸，就这么简单一个原因而已。

在我们中国人的内心，家庭非常重要，因为家和才能万事兴。如果家人不和，家里总是吵吵闹闹，那整个家庭就都毁掉了，什么样的教育都没有用。在这种环境下成长起来的孩子，心中很难有父母的存在。我们前面也讲过，身教重于言传，母亲讲给他很多做人基本的道理，但更多的教育是胡雪岩从家庭的氛围和父母的做法上自己感悟到

胡雪岩的启示　同样的机会，对某些人来讲是好事，但对某些人来讲却是危险的事情。

的。中国人往往周末会带上小孩儿回家看望父母，定期给父母些钱的时候，也都故意让小孩儿看到，这样的身教会让孩子感觉到自己以后也有同样的责任，效果来得更为实际和有用。胡雪岩虽然家境贫寒，但他从小在家里感受到的，是一家人要互相关心，要彼此尊重，所以才会养成随时随地心中都想到父母的观念。胡雪岩一直到老，有什么事情也一定跟母亲商量，从来不盲目决定，这让他受益终生。

中国人和西方人的家庭观念和亲情观念，是有区别的。在西方，子女大概十八岁成人以后就离开家门，去过自己的生活。在中国，父母跟子女的关系却是一辈子的，哪里会说什么到十八岁就算了。所以很多观念我们要区分清楚，中国就是中国，西方就是西方，两者整个的社会形态和价值观念是不一样的，想学西方我们也不反对，但至少要搞清楚了再去学、再去做，否则道听途说，只会越搞越乱。

出外靠朋友

做人其实只是几个原则而已，能把这几个原则记住就足够了。在家里面，胡雪岩的母亲告诉他，不是一家人，不进一家门。既然成了一家人，就要有一家人的亲情，因为亲情是很宝贵、很难得的。所以他在家里，很听从父母的话，兄弟之间感情也都很好。胡雪岩到了外面，虽然父亲已经去世，母亲远在老家，但母亲临行前嘱咐的那句话，他时时刻刻谨记心头——在家靠父母，出外靠朋友。他把周围的每一个人都当作朋友来看待，因此人缘也是非常地好。

当学徒期间，他没有把共事的伙计当作同事去看，而是当作朋友对待。因为同事之间会彼此竞争，经常是你害我，我害你，但是朋友不会。所以当他跟同事交成朋友，大家才会以诚相待，他自己也增加很多的快乐。不光如此，他跟老板，跟师父，或者跟来往的客人，也

胡雪岩的启示	对任何人都要尊重，都要诚信相待，都要当作朋友一般。 用心做事得来的经验，是一个人最宝贵的财富。

都相处得很愉快，就是因为他知道：对任何人都要尊重，都要诚信相待，都要当作朋友一般。只要两个人变成朋友关系，心态马上就不一样了。中国人同事之间经常计较，该你做的你不做，凭什么推给我？可是一旦变成朋友，就会你帮我忙，我帮你忙，你能做你多做点，我能做我多做点，就是这个道理。

不计较得失

胡雪岩每到一处，都没有计较自己收入多少，才去付出多少。我们要记住一句话：学来的本领，谁都偷不掉！钞票放在口袋里面，半路上可能会遗失；金子打成戒指戴在手上，遇见强盗说不定连手指都会被剁掉。但学来一身的本领，一辈子不会丢掉。年纪轻轻，多做一些才能多学一点儿，这样有什么不好？很多事情看着简单，没有做过不会知道其中的艰难。只有做过以后，才会知道没有一件事情是简单的，没有一件事情是随随便便就能够做好的。不用心当然很快就能做完，但做完不等于做好，用心以后才会知道什么都不是那么简单的。用心做事得来的经验，是一个人最宝贵的财富。

胡雪岩凡事都很认真，把每一个细节都摸得很清楚，所以后来当了老板，他也很清楚干部的对错疏失，这些都是他自己实践得来的，不是靠师父能教会的。现在很多年轻人受到西方的影响，总觉得给的多，就多做一点儿，给的少，一定少做一点儿，其实这是对自己很不利的想法。

就是这么几个很基本的观念，使得胡雪岩一路非常顺当。在金华火腿行掌柜的支持下，胡雪岩到了杭州，如愿以偿地成为了一名钱庄的学徒，开始了他往后几十年的钱庄生涯。这家钱庄就是杭州阜康钱庄，老板姓于，也就是给了他人生第一桶金的人。胡雪岩会如此幸运，可见他有他的福分，而这些福分也是他自己累积起来的。

当一个人希望有某种机会，而这种机会在自己的努力下，很幸运地落到了自己头上的时候，他当然会格外地珍惜，格外地认真，格外卖力地去表现。胡雪岩就是这样，因此他的老板对他也是格外器重和栽培，这样一来，他自然会发展得很顺利。

[第三章]

随机应变

坐落在吴山脚下清河坊街的胡庆余堂封火墙

年幼丧父的胡雪岩，十三岁就离开家门，在六年的时间里，一共换了三份工作，从大阜杂粮行到金华火腿行，再到阜康钱庄，胡雪岩迎来了接二连三的机会，一步步改变了命运。而在阜康钱庄工作的时候，胡雪岩更是获得了老板的厚爱。他不但接管了阜康钱庄，并且继承了老板的巨额遗产，获得了人生的第一桶金。那么胡雪岩经过了怎样一步步的严格考验，从钱庄的小伙计一直做到了钱庄的管理者？为什么钱庄老板会把巨额遗产留给非亲非故的胡雪岩？他究竟有着怎样的过人之处呢？

人生最快乐、最渴望的事情固然很多，但是我们最想要的其中之一，就是得到自己人生的第一桶金，而且数量最好大一点儿，来路最好奇一些，我想这是大家共同的愿望。胡雪岩初到杭州阜康钱庄只是一个学徒，他又是如何得到自己的第一桶金的呢?

胡雪岩的第一桶金

胡雪岩的第四代孙，画家胡亚光先生，在回忆家事的文章当中有这样一段文字：

> 先曾祖光墉公，字雪岩，少式微不暇攻诗书。学贾于阜康钱庄。肆主于姓，无子。家公勤敏，有胆略，颇器重之。疾革时，招公至榻前曰："君才识百倍于吾，吾肆虽小，好为之不患无用武之地。"即以全肆赠之。
>
> ——《安定遗闻》

中国人向别人提起自己的父亲时，称为"家父"，但是如果父亲过世了，就要称为"先父"。文字当中所说"先曾祖"，那就表示比祖父更高辈分的长辈。古人除本名之外，还有字，只有长辈才可以直呼本名，其他的人或者晚辈只能够称呼字。晚辈对自己的长辈不便提及名讳，可是不说又不行，那怎么办呢？就加上一个“公”字，便称为“光墉公”，指的就是胡雪岩。这段话的意思大概是说，胡雪岩小的时候家里很穷，根本没有机会去读四书五经这类的诗书，早早就在阜康钱庄当学徒。钱庄老板姓于，没有子嗣，看到胡雪岩十分勤奋好学，又有胆略，便对他十分的器重。于老板后来病危临终之时，把胡雪岩叫到床前，说你的才干百倍于我，虽然阜康钱庄现在规模还不大，但只要你用心经营，这些资金必定可以被你好好运用，你千万要好自为之。于是将整个钱庄传给了胡雪岩。

当然，关于胡雪岩的发迹，还有其他两种不同的说法。

一种是左宗棠提携说。说在胡雪岩当学徒的时候，左宗棠的部将因为军队粮饷紧缺，奉命来钱庄借钱，开口便要两千两银子。当时钱庄老板不在，在场的伙计都不敢做主放款。就在双方僵持不下，几乎要刀枪相见的时候，胡雪岩挺身而出，做主将银两借给了官兵，这才没有惹出更大的乱子。但是，胡雪岩事后却被老板以超越职权、擅自做主为由而开革。此事后来传到左宗棠的耳朵里，于是对胡雪岩就有了很好的印象，所以后来给了他很多机会。胡雪岩得助于左宗棠，自己开了家钱庄，这才赚了大钱。

另外一种是王有龄帮助说。据说浙江巡抚王有龄当初贫困之时，胡雪岩私自挪用收回来的钱庄死账，将银子借给王有龄捐官补了实缺。后来王有龄又刚好回到浙江为官，他们两个官商合作，从此飞黄腾达。但我们略加分析就会产生疑问，王有龄刚刚回到浙江为官，只不过担任海运局一个小小的坐办，哪里来那么大的本事，能够帮助胡雪岩呢？可见此种说法不太可能。

在这些说法中，我们看来看去，还是觉得胡雪岩的后代子孙胡亚光先生所讲的说法比较可靠。因为于老板好不容易经营下这么一个钱庄，自己没有子嗣，而胡雪岩诚实守信又勤奋好学，当然应该是最好的人选，这样想来也是顺理成章的事情。

不过，我们可以肯定的是，于老板没有后代是他会把钱庄交给胡雪岩的前因，但是最后做出这个决定的关键，还是因为他在经过严格的考验之后，最终确定胡雪岩正是最合适的接班人。那么胡雪岩来到阜康钱庄是怎么表现的？他做了哪些事情让于老板如此看重，会将自己一辈子的心血赠予非亲非故的胡雪岩呢？

胡雪岩的第一堂课

对于钱庄而言，门户安全至关重要，为了防盗防贼，打烊以后都是大门紧闭，任何人不准从正门进出。胡雪岩从金华到了杭州已经是晚上，所以他第一次到阜康钱庄是从后门进去的。安睡一夜，第二天一早被带去见了老板，问过一些情况之后，便被指定在金库里当学徒。

胡雪岩从进入钱庄的那一夜起，整整两个月的时间未踏出店门半步。因为按照钱庄的规矩，学徒进门要先练习“坐功”，就是整日待在金库里面，练习算银票，包银圆，穿铜钱。白天不准出门，晚上住在店中，同样不许外出。坐功的考验期是一个月，如果一个月内遵守规矩闭门不出，而且表现不错，就算合格。如果在第一个月便出了差错，可以再考验一个月。若是仍有违规的行为，就会被彻底辞退。金库里连胡雪岩在内一共三个学徒，年龄都差不多，稍大的一个刚满师，在金库里指导他们工作，大家叫他师兄。胡雪岩人缘很好，没几天便与大家混得很熟了。

一个十九岁的少年，初次来到风光明媚、景色如画的杭州，我们将心比心，相信他心中的第一个愿望，应该是抽空去看看西湖的景色。但胡雪岩认为好不容易找到自己想做的工作，就要一切遵守规矩。他想起母亲的教诲，要认真，要用心，要勤劳，要努力，更要听老板的话；他也想起已经去世的父亲读过书却没有机会，自己读书不多，却有这么好的机会，当然要格外珍惜才是。所以一个月过去了，他始终没有离开钱庄，工作不但熟练而且准确，没有发生任何差错。

到了第二个月，师兄告诉他可以到外面走走，去看看美丽的西湖。但他仍表示不急着出去，等坐习惯了，师兄要出去时，再一起去。师兄当然很高兴，难得胡雪岩这么听话，于是告诉他以后每逢初一、十五去西湖时带他一起去，胡雪岩自然也很高兴。

从学徒到跑街

要了解一个人，怎么样最可靠？算八字不一定管用，靠眼睛观察也不一定准确，最好的办法就是实际考验一下。胡庆余堂的关门弟子，现任青春宝集团董事长的冯根生先生，在谈及自己当初学徒生涯的时候，讲述了这样一个故事：他当年好几次在胡庆余堂的地板上捡到散落的银圆，每一次都诚实地交给了师父。师父当时也不多讲，只说你很诚实，就把银圆收了回去。直到师父临终时才把他叫去，告诉他其中的秘密。原来银圆每次都是师父故意丢在地上的，看哪一个徒弟会捡到，有没有诚实地交上来。这种透过实际考验来测试徒弟是否诚信的方式，应该是胡雪岩在于老板的考验之下，不但通过测试，而且一直沿用下来的。所以我们要记住，人要经得起考验，再

冯根生先生学徒时照片

胡雪岩的启示	一个人为了公家，就是随机应变；为了自己的利益，就是投机取巧。

加上两个字，人要经得起“严格”的考验，才能够出人头地。

胡雪岩在钱庄当学徒始终和在大阜、金华的时候一模一样，如果说有不同，就是他对学徒的分内之事更加勤快了。每天早早起床，先替老板端洗脸水、倒尿壶，扫地、抹桌、买早点。开店营业之后，有客户来办业务，他总立在一旁，见机做事，从来不用吩咐。

讲到这里，我们不禁要问一句，人到底要不要变？答案是应该变的才可以变，不应该变的就是不能变。像倒夜壶这种事情，大部分人是不愿意做的，可是胡雪岩从十三岁开始，一直做到二十岁。他并没有觉得这种事情怎么总是我做呢？轮也该轮到别人了吧？胡雪岩阶段性的调整比任何人都好：该调整的部分，他自然去调整，因为学徒的环境不同了，工作的要求不一样了；不该调整的部分，他是一本初衷，一如既往。

一本初衷是很了不起的，如果以前所做的事情现在不做了，那他就是投机取巧，是为了想到钱庄而故意讨好人家。胡雪岩不是投机取巧，以前怎样做事，现在还是表里如一，前后一致。

一个人到底是该随机应变还是投机取巧，我们真的要好好去想一想。中国人最讨厌投机取巧，但是最佩服随机应变。同样是四个字，但是方式、效果完全不同。胡雪岩随机应变，绝不投机取巧。怎么区分？一个人如果动机很纯正，一心为公，就是随机应变；一个人如果从自己的利益出发，不顾大局，一定是投机取巧。同样的动作，要从看不见的动机来研判，否则很难分辨。

胡雪岩如果刚来的时候很勤快，时间一长就慢慢把那些事情推给别人，老板就会疑虑：这样的人以后还会变得更差，如果把整个钱庄交给他，岂不糟糕了吗？胡雪岩一本初衷，该做什么就做什么，升到跑街照做不误，升到出店还是一样，老板后来对他器重，他反而更是加倍努力，老板还怎么会怀疑他呢？前面的话说到这里，我们还要加

胡雪岩的启示	人一定要经得起全方位的严格考验。

上三个字，一个人一定要经得起“全方位”的严格考验才行。

胡雪岩没有上过几天的学，为什么懂得这些道理？可见，很多道理不是学校所能教的，不是书上都会有的，完全靠自己的一种领悟。“悟”字拆开来，一个“吾”，一个“心”。一个人要自己常常想，要从自己的内心得到一些启发，懂得一些道理，这样才会真正有所得，才会在生活中真正去践行。

于老板已经上了年纪，也带过好几个徒弟，他对年轻人十分爱护，也是严加管教。他仔细观察胡雪岩的言行，透过各种方式考验胡雪岩，认为他是个值得栽培的人才，更加有心培养他。既然这样，那钱庄有没有培养和提拔人才的制度？当然有。

现在很多人羡慕西方的制度化管理，总觉得中国人缺乏制度，好像都是爱怎么做就怎么做，这种看法是不正确的。其实我们中国从周朝开始，就很擅长定制度。孔子做梦都会梦到周公，就是因为他对周公所定的“周礼”非常推崇，认为周公最大的贡献，就是定下了很周密的制度。在古代，世界各国都派人到中国来学习我们的制度，所以，中国人是很会定制度的，并不是像某些人所想象的那样，认为中国人自古没有制度，更不遵守制度。那完全是一种误解。

按照钱庄的规定，学徒五年满师，才可以委派工作，正式成为办事人员。但是，于老板看到胡雪岩十分特别，所以刚到第五年，离满师的期限还有整整一年，便迫不及待地升他为“跑街”，可以送送账单文书，也就是相当于现在的业务助理。

于老板这种提前给胡雪岩“转正”的做法，我们应该怎么看？在西方人看来，这是比较不赞成的事情，认为是违反制度。但在中国人眼里，制度是制度，执行起来却会因人而异，会有一些弹性。我们对表现特别好的人有一种办法，叫作破格提拔，破格任用。这没有什么不好。既然胡雪岩已经具备了出任跑街的能力，又何必一定要固守死规矩？那分明就是有人不用，分明就是浪费人才。所以到了第五年，于老板对胡雪岩说：“你可以当跑街了，可以到外面去走走了。”

胡雪岩到了外面，真是如鱼得水，因为他的长处就是与人往来。我们会发现，凡是拒人于千里之外的，大概都是那些不太了解人世间状况，对别人的心理变化也很难揣摩清楚的人。人一旦擅长了解别人的心思，就很容易跟别人打交道。胡雪岩不但对人有兴趣，而且善于用心了解他人的想法，所以什么事情到了他的手上，都会处理得很好。

从跑街到出店

由于胡雪岩在还没有担任跑街之前，自己就已经把跑街的各种任务和相关技巧掌握得差不多了，所以一旦出任，很快就进入状态，表现得非常出色。只做了半年，便升为正式的“出店”，也就是现在的业务主管，有了一定经营上的权力。出店不但可以接洽业务，而且要经手银钱。店里的伙计看到胡雪岩还未满师就担任出店，心里都很羡慕。

胡雪岩担任出店后，最特别的表现是什么？就是他对收死账比谁都有办法。死账用现代的话讲叫作呆账，钱庄放钱出去，就有一定风险。遇到一些客户情况突变，钱会收不回来，这些便叫死账。形成死账的原因很多，有的官员离任调走，有的生意亏本破产，也有的故意赖账不还。钱庄最怕遇到死账，因为死账一多，钱庄周转不灵，就有倒闭的危险。胡雪岩担任出店后把原有的死账一一弄清，采取不同的方式“讨债”，别人收不到的钱他却收得到。为什么？因为他很灵活，很会说话。说实际一点儿，就是见人说人话，见鬼说鬼话。

一个人见人说人话，见鬼说鬼话，这样好还是不好？我们常常想到负面，认为这样不好。其实这有什么不好？你碰到人不讲人话，难道讲鬼话吗？你鬼话连篇，人家根本听不进去；如果哪天真的碰到鬼，你不讲鬼话讲人话，鬼又怎么听得懂呢？很多事情，我们没有必要老往坏处去想。一个人本来就应该见人说人话，见鬼说鬼话，这才是合理的做法。一般人总是太过于标榜自己，还没有资格称为君子，就想变成圣人，这是我们读儒家的书所应该注意的。我们是普通人，就先做个普通人，其余的慢慢来，不要操之过急。

出店再往上便是“掌盘”了，就是“掌握全盘”的意思，相当于现在的总经理，地位仅次于老板。胡雪岩一步步升职，在从业务助理到业务主管的过程中，他不断根据岗位的不同，调整自己的表现，样样都做得很出色。而钱庄的管理者——掌盘，无疑应该是他在钱庄工作的最高奋斗目标。于老板想到现在的掌盘年纪已大，自己身体又不太好，便有意提拔胡雪岩接任阜康钱庄的掌盘。于是就把他找来商量，说由你来做阜康钱庄的掌盘如何。胡雪岩怎么回答？他说不要。

于老板觉得很诧异，这么好的机会，别人求之不得，你为什么不要？胡雪岩回答说，钱庄的生意全靠出店交际招揽，掌盘看家固然重要，但不如让我当出店，外面人头熟了，这样对店中生意的发展更为有利，等老掌盘出缺时再说也不迟。换句话说，胡雪岩的意思是不能因为自己的升迁连累了钱庄的发展，为了钱庄的发展他宁可不升。

面对如此诱惑，胡雪岩断然拒绝，这是非常了不起的一种定力。如果你是老板，你会怎么样？当然是觉得这个小孩子真不得了，年纪轻轻想得这么长远，当然就更信任他了。所以，于老板最后干脆把整个钱庄都送给了他。

一个人会做什么样的事情，一定有他的前因后果。这句话很重要，因果关系是永远存在的，只不过它不是直线的，不是物理的，不是像常人所想的一个因一个果。人世间的因果是有变化的，通常一个因可以产生好几个不同的果，所以人与人之间的关系也会有很多变

胡雪岩的启示	结果不重要，动机原因才重要。

化，这才是我们大家要小心的。

胡雪岩一生认为结果并不重要，原因才重要，动机才重要。此时的胡雪岩并没有想到以后老板会把财产交给他，当然老板也不会提前告诉他。因为提前说出来，有的人就可能会作假，装成值得信赖的样子。于老板什么也没有说，就是要看胡雪岩怎么表现。其实胡雪岩不接任掌盘是有抱负的，他也是在为自己的前途着想。因为一旦当上掌盘，虽然薪水高，红利厚，但长坐店中便不能和外面接触，业务关系很容易疏远。胡雪岩是要趁自己还年轻，利用出店的机会，运用自己的交际本领，为今后自己能在钱庄行业中立足打下基础，因为他不想一辈子给人做伙计，也想有朝一日自己开钱庄当老板，这才是他心中真正的打算。

于老板的嘱托

于老板后来突然得病，而且一天天严重起来，他自知将不久于人世，便把老掌盘和胡雪岩叫到床前，详细问起钱庄里的大小事情。由于几年来阜康钱庄业务规模有所扩大，在金华、宁波、湖州、温州等大商埠均有商铺和客户往来，尤其是各种投资汇兑，客户借贷很多，但说起这些胡雪岩脑中犹如有本账册一般，甚至有些连老板和老掌盘都忘掉了的重要事情，他都了如指掌，如数家珍。

经过再三考验，于老板终于下定决心，要将阜康钱庄的全部财产赠予胡雪岩。在于老板临终的最后一刻，他将亲友和店员唤到床前，将遗嘱公开，正式宣布把阜康钱庄交予胡雪岩经营。最后，老板给胡雪岩留下一句话："你命中有好也有坏，愿你今后多做好事，多积阴德。希望你能学我，勤奋积财，不要像石崇，因财贾祸。"这一年胡雪岩二十七岁。

石崇是谁？他是晋朝的一个富官，非常能敛财，但是因为太过奢侈，结果皇帝越看越不顺眼，就把他杀了。有的人说，钱是我自己赚的，我爱怎么花就怎么花，与别人有何相干？其实不是这样。钱虽然是自己赚的，但过于奢侈就会败坏社会风气。用赚得的钱多做好事，帮助更多的人，这才是正道。

中国有一部宝典叫作《易经》，整部《易经》其实就是一句话而已，叫作“积善之家，必有余庆”，只要相信这句话，很快便能懂得《易经》的道理。它的意思是说，一个人多做好事，多积阴德，就算有些不顺利的事情，也会逢凶化吉，慢慢变得好起来。于老板临终赠言，就是提醒胡雪岩要勤奋节俭，这样慢慢才能把财富累积起来，才可以做更好的事情。他同时告诫胡雪岩千万不能像石崇那样，因为奢侈挥霍而惹得祸端。没有钱只是穷困而已，有了钱却招来祸，那是划不来的。

胡雪岩的第一桶金有多少钱？有五千两银子。五千两银子不是个小数目，于老板一口气就把五千两的资产交给了胡雪岩。胡雪岩得到这笔难能可贵而又出乎意料的第一桶金，这对他来讲是祸还是福？我们中国人的事情只有一个答案，就是很难讲。胡雪岩好好运用，就是好的；运用不好，本来没有钱还不会惹祸，一有钱马上就惹祸了。所以当我们得到钱财的时候，应该格外谨慎，而不能只是惊喜，然后就开始为所欲为，更不能胡作非为。

讲到这里，我们其实有点儿遗憾，胡雪岩并没有好好去想一想老板临终前所说的话，虽然他很想做好，但还是出了错，所以他最后会破产也是自作自受。有时候别人经意不经意所讲的话，我们其实应该反复地思考一下：他为什么跟我讲这种话？对我有什么启发？我要不要好好来调整一下自己？这是每个人都应该做的事情。老板临终前所说的话，胡雪岩有没有听懂，有没有听进去，我们以后慢慢再检验，他现在才刚刚开始而已。

胡雪岩要感谢谁

我们假设一下，胡雪岩如果没有得到阜康钱庄的资产，他以后会不会有这么大的成就？答案是会的。因为他已经有了良好的个人条件，已经有坚定的意志，他迟早会闯出来的，于老板给他的只是帮助而已。

胡雪岩当然会很感谢他的老板，但以他实际的个性，他会觉得老板把钱庄交给我，我不会辜负老板，但我不是为老板负责，我还是要为父母负责，为自己负责。因为一来钱庄不是他向老板要的，二来这样是害他还是帮他，也很难料定。我们觉得这才是事实。

我们看事情要看得深入一点儿，否则的话永远做不到终点。当别人无缘无故给你钱的时候，你如果一味感激，很可能就中了圈套，然后就会为人左右，变成人家收买的工具，那自己还有何价值可言呢？老板要不要给，是老板的事，不给也罢，我自己走我自己的路，这样才是对的。所以很多人说胡雪岩应该感谢这个感谢那个，其实胡雪岩从来没有讲过，他不亏心于任何人，也不必感谢任何人。但是有几个人的恩情，是胡雪岩一生一世要感谢的，我们每一个人也应当如此。

第一个，人要感谢自己的父母。胡雪岩的父亲很用心地教他，虽然时间不长，但最起码尽力了。胡雪岩的母亲一辈子跟着他，不断地提醒他，陪他走到了人生的尽头。这样的父母当然要感谢。现在好多妈妈爸爸常常教小孩儿说“谢谢妈妈”“谢谢爸爸”，这其实是很可笑的。大恩是不言谢的，孩子从小遇到任何事情都谢谢妈妈、谢谢爸爸，这样他就觉得所有的人情都还完了，将来长大以后就不会懂得什么是恩重如山。邻居阿姨帮你忙，你谢谢阿姨当然是应该，但父母的恩情是一辈子报答不完的，怎么谢得了呢？大恩不言谢，要永远放在

胡雪岩的启示	人一生一世要感谢三种恩情：父母之恩，老师之恩，上司之恩。

心里头，而且报恩要趁早，子欲养而亲不待，那是很遗憾的事情。

第二个，人要感谢自己的老师。人一生当中碰到几个好老师，那就够了。到现在我对高中和大学时候的老师都是念念不忘，甚至于小学的老师有一两个也印象很深刻。师父领进门，修行在个人。但是最起码老师将我们领进门，所以我们要感谢他们。

第三个，人要感谢自己的上司。胡雪岩的运气很好，他经历的老板心胸都很宽广，有了更好的去处，都是放手让他去，这才使得他不断有更好的机会和前程。有些老板认为好不容易碰到这么一个人才，费心栽培了一番，最好能用他一辈子，有好机会也死把着不放，这样的老板未免有些狭隘。往大了说，都是在为社会做贡献，为什么一定要为你一个人呢？胡雪岩遇到的每一个老板都是尽心尽力地教导他，有了更好的机会也都放手让他前往，这样胡雪岩才能够由大阜到了金华，最后有机会进入成就他一辈子事业的钱庄领域。

一个人如果不是每一个阶段都很扎实的话，突然委以重任或有了更大的机会，就会手足无措，不知道如何去做。但胡雪岩是学徒出身，又做过跑街、出店等工作，对钱庄一切事务极为了解，所以接管钱庄之后，处理起来自然得心应手。我们从这里得到一个很好的启示，人最要紧的是时时刻刻充实自己，常常问问自己准备好了没有。自己准备好了，没有机会无所谓，那不是个人能控制的；有了机会又有充足的准备，这样才会干出一番事业来。否则，没有机会还好一点儿，有了机会反而把自己搞得乱七八糟，那才可怜。

[第四章]

患难见真情

耕心草堂，原胡庆余堂的经理室，面对“欺诈”匾，以示告诫

胡雪岩一生中最大的转折点，就是认识了王有龄。王有龄和胡雪岩年龄相仿，虽是官宦子弟，但家道中落，自己也屡试不中。为了让王有龄走上仕途，父亲卖掉了全部家产，为他捐得一个虚官名之后，就再也没有能力去补实缺了，最后在无奈中客死杭州。王有龄前途渺茫，整日发愁。胡雪岩与王有龄虽是萍水相逢，但对王有龄的处境深表同情，他决心要帮助王有龄。但胡雪岩当时只是一个钱庄的小伙计，为了帮助王有龄，他竟私自动用了钱庄的银子。胡雪岩为什么要冒这么大的风险去帮助王有龄？胡雪岩和王有龄又是怎么相识的？

胡雪岩认识王有龄的时候二十五岁，他在钱庄还只是个出店，并没有成为阜康钱庄的老板。我们都知道，杭州的茶是很有名的，茶文化也是历史悠久，人们有事无事都会去喝茶聊天，所以茶馆很多。胡雪岩有空的时候，也会到茶馆里面去坐一下。茶馆里面三教九流各路人物都有，所以各种消息都会汇集于此。一般人到茶馆，要么同人吹牛聊天，要么闲暇无事，只为打发时间。胡雪岩却不是，即便喝茶，他也会竖起耳朵听人家都在讲些什么。一个人眼睛要会看，耳朵要会听。眼光锐利，用心观察，才能看透对方隐藏的想法，才能听出别人讲话的重点。胡雪岩能有这套本事，正是他自己平日不断磨炼得来的。

初遇王有龄

胡雪岩在茶馆，经常看到一个与自己年龄相仿的年轻人，此人相貌堂堂，但是衣衫褴褛，气色很差，好像家里很困难的样子，就觉得很奇怪。如果一个人的气质，跟他的神色不能相配，这其中必有缘由。一天，胡雪岩主动坐了过去，与那个年轻人攀谈起来。

年轻人告诉胡雪岩，他叫王有龄，是福建福州人。胡雪岩问他为何会来到杭州。因为胡雪岩经常出入茶馆，王有龄以前也见过他，又看胡雪岩态度诚恳和善，便一五一十地讲起自己的身世来。

王有龄身世

原来王有龄本是出身于官宦之家，曾祖父和祖父都当过不小的官，可是到了他父亲这代却官运不济，屡试不中。在封建社会，对于读书人来说，做官是唯一的出路。做了官就能光耀门庭，光宗耀祖。可如果做不上官，那就永无出头之日了。科举制度虽然有很多不好的地方，但最起码它比较公正，所以他的父亲虽然一心求取功名，但考不取就是考不取，一点儿办法都没有。

中国人跟外国人有个很不一样的地方，就是我们一生一世心里都有两件事情始终不能释怀，一件是想我对得起我的祖先吗？一件是想我对得起我的子孙吗？这是外国人没有的观念。王有龄的父亲心想，祖先那样富贵荣耀，而自己却如此落魄凄惨，这怎么行呢？既然自己这辈子难有功名，那一定要让儿子有个出头之日。可是偏偏王有龄也不争气，同样是科举无名。

我们中国人是阴阳文化，所有的事情有明一定有暗，有正道一定有负道。十年寒窗无人问，一举成名天下知。金榜题名当然是一条好路子，但如果实在考不取怎么办呢？还有另外一条路——拿钱出来买一个官，美其名曰捐官。所以王有龄的父亲就把仅有的一点儿家产统统变卖，然后凑钱给王有龄捐了个官，叫作盐大使。

大家会想，有钱就能当官那还了得啊？其实不然。捐的官只是虚衔，没有实职，就是一个头衔，可以穿官服，跟官场的人见面比较体面，如此而已。但是还有一个好处，就是如果愿意花更多钱的话，虚衔也可以补成实缺，那样就能真正地就任官职了。可是，王有龄的父

胡雪岩的启示	人最需要帮助的，就是落魄的时候。

亲已经是倾其所有，哪里还有钱再给儿子去补实缺呢？无奈之下，父子二人从福建一路北上，希望能够找个机会，利用关系替王有龄补个实缺。可是天不遂人愿，他们走到杭州，口袋里的钱已经所剩无几，再也无力继续北上了。

可以想象，人在这种情况之下，心情怎么会好？心情不好就会影响身体的健康。所以王有龄的父亲积郁成疾，再加上水土不服，最后客死杭州。王有龄举目无亲，又几乎是身无分文，连父亲下葬的钱都没有。实在没有办法，他只好穿上孝服，到福建人在杭州的同乡会去，一番磕头跪求，这才凑了点儿钱将父亲草草下葬。父亲过世之后，王有龄心情苦闷，无处可去，一筹莫展的他常常在茶馆里长吁短叹。因为手头拮据，一壶茶水泡到没有颜色了也舍不得换掉，中午两个烧饼就算打发一顿，而这些正是胡雪岩眼前看到的光景。

听罢王有龄一番讲述，胡雪岩说："你要想办法补个实缺才是，这样岂不可惜了。"

王有龄苦笑着说："话虽如此，但补实缺需要一大笔投供的钱，我现在穷困潦倒，哪里还敢去想这些事情。"

钱虽说不是绝对有用，但却是有一定用处，没有钱怎么办事？胡雪岩听了王有龄的话也不敢言语了，因为这个时候他还只是一个出店，还只是人家的伙计，自己没有资产，又怎么能慷慨解囊呢？

人最需要帮助的，就是落魄的时候。我在日本的时候，认识一个人，全日本政界的高官没有一个他不熟的。我当时就很好奇，问他怎么有这么大本事。他跟我讲了一句话，我印象很深刻。他说，我结识这些人都是在他们当官发迹之前，都是在他们默默无闻的时期，那个时候他们需要朋友，也很容易建立关系，所以现在才会这么熟悉。人一旦当了高官要员就很难接触了，这也难怪，因为此时和他们结交的人大都是有目的而来，他们自然也会有所戒备，生怕别人给自己找麻烦。

胡雪岩也懂得这个道理。一番推心置腹的交谈之后，胡雪岩对王有龄的状况有了大致的了解。他觉得王有龄并非等闲之辈，虽然现在落魄，但如果能帮他补得实缺，将来对自己一定会有很大的助力。于是胡雪岩暗下决心，只要有机会，一定要想办法帮助眼前这位同龄的年轻人。

无巧不成书

我们常常讲无巧不成书，就是说很多事情会一再出现巧合，也正是这样的巧合，才使得胡雪岩有了帮助王有龄投供所需的本钱。

原来，曾经有一家饭馆在阜康钱庄借贷了五百两银子，后来饭馆的老板死了，剩下老板娘独自支撑，生意随之一落千丈。钱庄几次催要贷款，老板娘都说生意不好，实在没有能力偿还。后来钱庄掌盘就将此事告到了官府。官府传老板娘前来问案，老板娘说不是自己不还，而是没有钱还，要还也要等有了钱再说，而且在堂上又哭又闹。官府见状也没有办法，把她抓起来也没用，反而会更麻烦，最后只好让他们堂下自己商议解决。外国人大小事情都要法官宣判，而中国人经常是建议当事人庭外和解，这其实是中国人很特殊也很有效的一种做法。

官府管不了，老板娘也没钱还，一来二去，这笔钱就成了一笔死账。但胡雪岩是个有心人，他每次经过那家饭馆，都会偷偷地瞄上一眼，看看生意是不是有所好转。这样过了一段时间，胡雪岩发现最近情况不一样了，饭馆的生意慢慢红火了起来，他感觉到讨账的时机来了。

一天，胡雪岩在饭馆忙碌过后走了进去。老板娘一看他来了，马上板起脸孔问道："你是不是又来讨钱了？"

胡雪岩连忙笑着回答："你别误会，我们掌盘上一次告了你，事后他也觉得心里很不安，一点点钱而已，你又不是赖账的人，所以今天特意派我来跟你道歉。"我们发现胡雪岩真是很会讲话，他一开口就讲到了老板娘心里头。

老板娘反倒觉得不好意思了，人家是来道歉的，自己却还以为是来讨债的，还给人家脸色看，所以脸色马上就和缓下来。

胡雪岩马上说："我们老板特别交代，再怎么说你也是老客户，如果现在有需要，我们还可以借钱给你，而且利息也可以低一点儿。"

老板娘听了更觉得过意不去，说："那怎么好意思呢，原来的钱过两天我就还上，你来拿好了。"胡雪岩过了两天再去，老板娘二话不说，就把五百两银子还给他了。

胡雪岩拿到银子，马上想到王有龄眼下最需要的就是钱，现在有了这笔银子，不是恰好可以让他拿去投供吗？虽然银子是钱庄的，但可以缓一点儿再去报账，自己不是私吞，只是挪用一下，等王有龄补了实缺，有了银子之后再如数归还，大概老板也不会很生气。

胡雪岩这个脑筋动得对不对？这是每个人自己的选择，我没有意见。你觉得他对，也可以学他；你觉得不对，不做便是。一般人常常很喜欢分出个对错是非，需要重申的是，我们不是胡雪岩，真的没有权力替他说对或不对，因为每个人所处的环境、状况、价值观都不相同。我们应该关注的倒是，胡雪岩和王有龄也就是萍水相逢，他们之间既不沾亲带故，也没有深厚的交情，胡雪岩为什么对王有龄这么好？仅仅是因为胡雪岩乐于助人吗？

慧眼识贵人

如果胡雪岩对每个人都这样，那我们也不必追究这个问题，说他天生慷慨、乐于助人就好了。其实不是，胡雪岩身边应该有很多值得同情的人，他为什么偏偏只对王有龄如此？我们从胡雪岩和王有龄以后的交往当中，大概可以分析出一些原因，也会给我们一些很好的启示。

胡雪岩当时虽然还只是一个伙计，但是他想到总有一天要自己创业，要自己当老板。想当老板的人，单打独斗难成气候，必须要找一两个志同道合的人，才能成事。所以他常常告诉自己，一定要找到可以相助的人，来增加自己的实力。这个人是谁？就是我们中国人常常最希望遇到的——贵人。

真正的贵人，其实也不用多，一两个就够了。但是所有的贵人，都不会在头顶写上“贵人”两个字，所以能够发现自己身边的贵人才是最重要的。我们往往是把人错过或得罪了之后，才去后悔懊恼——原来他就是我的贵人呀！胡雪岩心里想：像王有龄这样的人，如果已经当官了，我再去求他根本没用，他会很冷漠。如果他将来没有前途，我在他身上做这样的动作也没什么意思，因为帮助一个不该帮助的人，就是自己的愚昧。可他看来看去，坚信这个人是会有前途的，只是眼前这关过不了而已，如果现在能帮他渡过难关，将来他也一定会知恩图报。人总要找一两个靠山，王有龄也许就是我的靠山，所以胡雪岩越想越觉得自己应该出手相助。

同时，胡雪岩也觉得自己跟王有龄的处境，其实有很多相同的地方。他曾经跟王有龄讲过，说他们同是天涯沦落人，因此他很同情这个落魄的书生。再加上胡雪岩自己的文化水平不高，凡是文化水平不高的人，听别人讲话出口成章、引经据典，往往从心里面很羡慕、很佩服，愿意与之结交。所以胡雪岩从开始就对王有龄很有好感。

由此可见，胡雪岩之所以帮助王有龄，既有“利”的原因，也有“义”的成分，而且从以后二人关系的发展，我们慢慢也会看到，他们依然是义利相济，互相帮助。

有情有义结兄弟

胡雪岩下定要帮助王有龄的决心，也有了帮助王有龄的银两，接下来便是要将银子交给王有龄了。胡雪岩如果把银子直接摆到王有龄面前，然后千叮咛万嘱咐：这五百两是我瞒着老板拿出来的，你以后要有良心，千万要记得还我……这样还有什么意思？王有龄也根本就不会接受。胡雪岩没有那样，他们两个在这个过程中，都表现得可圈可点，十分值得我们回味和学习。

胡雪岩把银票放在口袋里面，跑去招呼王有龄："我们中午吃酒去。"

王有龄心想，我是个落魄书生，你是位公子哥儿，为什么一起吃酒呢？胡雪岩穿戴整齐，又有正式工作，这在王有龄心目当中已是很了不起的了。于是，王有龄说自己高攀不上，没有钱跟他去喝酒。

胡雪岩说："我请你，有什么关系？"

王有龄见他十分诚恳，也觉得不便推辞，便很高兴地一起去了。二人到了酒馆里面，几杯黄酒下肚，话自然就多了起来，也亲近了许多。很多人不了解喝酒的真正用意，以为就是你把他灌醉，他让你喝多，然后大家一起要酒疯。如果真是这样，那还怎么能称得上"酒文化"呢？喝酒的妙处，是为了拉近人与人之间的距离。因为大家开始相互有些生疏，心里的话也都不方便讲出来。如果彼此之间话不投缘，那还怎么谈实际的事情？所以我们就借酒来拉近相互之间的距离，这样才是正确的做法。

胡雪岩见时机恰到好处了，便把银票拿了出来，直截了当地交给王有龄，然后只轻描淡写地讲了一句话："这是你做官的本钱。"

我们讲话，一定要打动对方的心，否则就是白讲了。胡雪岩的做法，相信一般人是做不到的。一般人可能会先叮嘱王有龄，银票你要小心拿好，千万不要搞丢了。其实这笔钱对王有龄来说，无异于雪中送炭，他必然会妥善保管，如果那样嘱咐，反而会让王有龄觉得自己被看成白痴一样。如果胡雪岩一再交代，你要替我保守秘密，一定不能让我们老板知道。王有龄听后可能会说，既然你压力那么大，那我干脆不要好了，因为中国人非常不愿意担人家的人情。人情太重，宁可不要。

王有龄也不简单，二话不说，也只讲了一句话："你是钱庄的伙计，被老板知道就坏了，此事万万不可！"

两个人多么有情有义！我们看到他们的话语虽然都不多，但是字字都讲到了对方心坎里面去。话太多，其实没有用，恰到好处才是关键。

又喝了几杯酒后，王有龄忍不住问胡雪岩："你为什么对我这么好？"

其实王有龄心里想问，你打的是什么主意？你安的是什么心？因为王有龄心里一定着急想知道，你给我五百两银子是不是想收买我。我将来如果成了你的奴隶那还得了，岂不是一辈子都逃不掉了？我们不能怪王有龄多疑多虑，因为任何人都不愿意被别人收买，不想让人家摆布。一个准备当官的人，更要有这样的警觉性。可是他如果直接这样问，胡雪岩也可能会说，你既然这样讲，那我们在一起还有什么意思？你干脆把钱还给我好了。

所以王有龄虽然心里那么想，但是嘴上没有那样说。这样到底好不好，值得我们去仔细地想一想。一个人心口如一，经常会得罪别人；一个人心口不一，经常被人骂作阴险狡诈。那我们要怎么做？在这里给大家一个很简单也很容易的原则——中国人绝对不欺骗，因为欺骗就是没有良心。但是我们一定不讲实在话，我们多半把真正的意见放在心里，嘴巴讲出的话都会经过一番修饰，我们是讲妥当话。很多人就是没有这种修养，所以一辈子很辛苦。王有龄讲得很妥当：“你为什么对我这样好？”你看多好听。

胡雪岩回答得更妙：“朋友嘛，你有难处我心里难过，不拉你一把我睡不着觉！”

一切都是这么轻松。两人谈得很投缘，自然而然地想到一件事情——仿效当年刘备、关羽、张飞桃园三结义，结拜成异姓兄弟。中国人碰到志同道合的伙伴，都会有结拜成为兄弟的想法，就是受《三国演义》的影响。王有龄年龄稍长，就当了哥哥，胡雪岩便当了弟弟。

刘备当年既得了桃园三结义的利，也受了桃园三结义的害，一句话讲完了——成也结义，败也结义。刘备最后没有成功，就是因为缺乏大局观念，太重报兄弟之仇，结果因为讨伐东吴失败而把整个蜀国都搞垮了。胡雪岩和王有龄很聪明，只说我们志同道合，有福共享，有难同当，却绝口不提同年同月同日死的话。如果他们这一提，将来胡雪岩也完了：王有龄因为杭州失守而自杀殉职，那胡雪岩还能独自活下去吗？所以我们读历史要记住，以前的缺失要把它改过来，而不是一味地照着历史去做。时代是要进步的，人类是要进化的，所有的事情都要从旧的当中走出一条新路来。

有把握地去投资

任何人在一生当中，都会碰到几个关键时刻，这些转折点决定着人生将来的去向。如果转折得好，那你的人生就将迎来光明的前景；如果转折得不好，那未来则会暗淡无光。很多人碰到转折的时候，自己往往不知道如何去掌握，这是很可怜的。现在这两个人，都年轻得很，而面临的也都是决定自己今后命运的重大转折。王有龄得到胡雪

胡雪岩的启示	一个人靠赌博不可能成功，因为十赌九输！

岩的帮助，能不能补实，将影响到以后的发展。而胡雪岩一下子拿出了五百两银子，后果会怎么样，也是未料之中的。

胡雪岩这样做是不是冒险？是不是下赌注？很多人讲，人生就是赌博，赌上一把，赢了就赢了，输了就算了。真的是这样吗？不是。如果人生是赌博，那我们岂不都变成赌徒了。胡雪岩事先如果没有详细了解王有龄的情况，没有想到挪用银子被老板发现后怎么应对，没有想到被同事告密或老板娘反悔后怎么下台，那他就是在盲目下赌注。一个人靠赌博不可能成功，因为十赌九输！

从表面上看，胡雪岩是在赌博，而且赌注很大，他赌的不只是交给王有龄的五百两，更是他得来不易的工作。但实际上，胡雪岩是经过认真考虑和仔细分析的，用今天的话来讲，是有把握地来进行一种风险性的投资。有些人常常信誓旦旦："你投资这个项目，我保你百分之百赚钱！"这种话都是骗人的。经商不可能没有风险，而且风险越大，将来回报越高。所以，经商成功与否，关键在于投资者的眼光和对风险的把握。那么胡雪岩对这笔投资是怎么评估的呢？他又是如何看待这当中的风险呢？

第一，钱庄老板对他非常信任。如果胡雪岩收到五百两银子的死账以后，揣进个人腰包，或者自己买座小宅子住，那显然就是公款私用。但他是用来帮助王有龄，如果王有龄将来补得实缺，会使钱庄的整个业务得到更大发展，这有什么不好？就算老板知道了，胡雪岩也可告诉老板，这样做是为了钱庄，不是为他个人。以老板对他的信任，也是能够接受的。

第二，他心中有数，对自己的人际关系有信心。胡雪岩跟同事的关系都很好，他深信即便有人知道了此事，也不会找他麻烦，不会直接跑去跟老板告状，而会先来问他为何这样。人就怕连解释的机会都没有，胡雪岩有解释的机会，就不怕会造成不必要的误会。

第三，也是最要紧的，他良心安然。中国人做什么事情都是孔子

胡雪岩的启示	人生只有一个规律——自作自受。

讲的那句话，先问问自己的良心安不安。胡雪岩很坦然。我们不能要求每一个人都跟他有同样的看法，因为每个人的价值观不同。但是，这里要讲一句非常重要的话：人生只有一个规律，四个字而已——自作自受。每一个人的所作所为，后果都要自己来承担。这一点胡雪岩是做得到的：自己做的事情自己承担，现在不赖任何人，将来也同样不会推给其他人。

我们千万不要被有些小说所蒙蔽，以为胡雪岩风流成性，冒险投机，真是这样他就不值得研究了。胡雪岩内心坚强，有责任感，他知道自己在外面奋斗，不能败坏家风，不能让别人看不起自己的父母。他以无比负责的态度，经过十分仔细的推敲，才毅然决然地做出决定，这才是胡雪岩的本色。

不靠运气靠实力

王有龄敢于接受胡雪岩的资助，同样也不是冒险之举，因为他相信自己的实力，相信自己不会辜负胡雪岩的期望。有人听了可能会觉得好笑，王有龄科举屡试不中，能有什么实力可言？其实考试是考试，实力归实力。我在大学教书多年十分清楚，成绩好的人，不一定有真才实学；有真才实学的人，可能就是考不出成绩来。成绩好，只能说明会考试而已，有人专会考试，你有什么办法？所以，考试成绩和人的本事有时并不是一致的。

王有龄是有本事的，他从捐官到补实，不是靠运气，而是他确实有这个实力。只是他考运很差，所以才去投供，后来得到了实缺，成为了一位很好的官员。每个人的时间都宝贵，如果他们两个的所作所为，都是些乱七八糟的东西，我们自然不必在他们身上浪费时间。我们研究他们，就是要把其中有用的道理提炼出来，让大家受到启发，有所收益，这才是我们要做的事情。

[第五章]

福祸相依

“是乃仁术”牌楼

胡雪岩把收回来的一笔死账，私自借给了落魄书生王有龄当“做官的本钱”。王有龄几经周折，终于补到了实缺，当上了一个管海运的小官。王有龄是个老实的读书人，初涉官场处处碰壁，但在胡雪岩的帮助下，王有龄的官越做越大。那么胡雪岩都帮助王有龄做了哪些事情？而胡雪岩自己又从中得到了些什么好处？胡雪岩和王有龄互相帮助，一个在官场，一个在商场，都发展得非常顺利。但王有龄却一直有些担心，他究竟在担心什么？认识胡雪岩，对于王有龄来说，到底是福还是祸呢？

王有龄怀着感激之心告别了胡雪岩，动身北上“投供”。中国历史上大都是北方统治南方，所以我们讲坐北朝南。到达京城以后，一个很偶然的机会，王有龄得知现在的朝廷二品大员，江苏学政何大人，与当年自己家仆老何的儿子同名同姓，都叫作何桂清。当年王有龄的父亲见这位仆人的儿子聪明好学，便叫他做伴读书童，陪王有龄读书，说起来也是有恩于他。王有龄心里既惊又喜：这位官居高位的何大人是不是自己的同窗旧交何桂清呢？王有龄觉得这是个天大的机会，无论如何也要想办法见他一面，绝对不能轻易错过机会。于是他花了一些银子，打通了一些关节，终于见到了何大人，而且这个何大人正是他的童年玩伴何桂清！

巧遇故交

王有龄与何桂清老友相见，不免聊起这些年来的事故变迁，但碍于二人身份相差悬殊，王有龄依然是小心应付。说罢自己的经历之后，王有龄坦诚相告：“我也不怕你笑话，现在你贵为二品，而我只是个虚缺的盐大使而已，今天冒昧来见，无论如何还请你帮我想想办法。”

何桂清不忘旧情，表示说一定要帮助王有龄，问他想到哪里补实就任。

王有龄说，父亲希望他能落地杭州，而他自己也愿意回到杭州去。王有龄此刻没有讲实话，他也不能讲实话。他当然不敢说：何大人你无论如何要把我派往杭州，因为那边还有个朋友等着我帮忙。那样一来显得王有龄私心太重，二来这个理由也根本无法打动何桂清。所以有些话不是实在不实在的问题，而是立场不同的缘故。

何桂清受恩于王有龄的父亲，听王有龄提到父亲，就不禁问起恩人的情况。

提到父亲，王有龄不免黯然，伤心地说：“先父已经去世了……”

何桂清听到这里，不禁动了恻隐之心。既然无法面谢恩人，多多照顾恩公后人也算是尽上一份心意，而且浙江抚台黄宗汉与何桂清是同科进士，有些交情，所以当下就表示，将竭力向黄宗汉举荐王有龄。

何桂清也知道黄宗汉是个见钱眼开的贪官，即便有自己的举荐，没有银子也办不了事。所以何桂清除了将写好的举荐信交给王有龄之外，又给了他五千两银子。至于银子的用途，何桂清却没有多讲，只说是给王有龄用度。何桂清当然不好直说黄宗汉见钱眼开，回去要送上银子才能补得实缺，这样于己于人都不方便。但是何桂清很实际地给了王有龄五千两银子，其实就是让他自己去打点，否则单凭一封信也无济于事。

我们要了解，不管什么时候，有清正廉明的好官，就有贪污腐化的坏官；有诚实守信的生意人，就有唯利是图的奸商；有悬壶济世的良医，就有草菅人命的庸医……这是必然现象。我们常常劝很多人不必愤世嫉俗，有好就有坏，因为有阴就有阳，不管到什么时候也不可能将所有的阴暗面一扫而光。况且有了坏人对比，才能分辨什么是好

胡雪岩的启示	有好就有坏，因为有阴就有阳。

人。我们知道坏人怎样，不去学他就好了，又何必愤世嫉俗，看什么都不顺眼呢？但很多人不能接受这种观念，所以一辈子很痛苦。

补得实缺

王有龄一路顺利回到杭州，便马上前往抚台衙门呈递信札。人常常舍不得把到手的钱花出去，王有龄也是这样，他只把举荐信转呈给了黄宗汉，对何桂清送他五千两银子的用意却没有领会。黄宗汉得知王有龄与何桂清有旧情，对他十分礼遇，话也讲得非常好听，说同年之中我跟何大人感情最好，他交代的事情我绝对办到，没有问题。中国人最拿手的就是“没有问题”，没有问题后面还有四个字——从此不提。这个很厉害，从此不提，你自己就知道到底有没有问题，又何必明讲呢？

王有龄回去以后，傻傻地等了好几日也没有消息，心里不免有些七上八下。正在不知所措的时候，他想到了胡雪岩。王有龄本来是想自己谋得差事以后，再去当面酬谢胡雪岩，这样不仅自己有面子，对胡雪岩也是个交代。但是事情迟迟没有音信，他觉得不能再等了，要先把五百两银子还上才是，于是便去胡雪岩的家中拜访。

二人久别重逢，自然非常高兴，王有龄把一路经过详详细细地说给胡雪岩听。王有龄说已将举荐信交给了黄宗汉，胡雪岩忙问结果如何。

王有龄说：“石沉大海，杳无音信。”

胡雪岩一听便明白缘由，他告诉王有龄：“你想错了，如果不需要钱打点黄宗汉，何大人为什么一口气给你那么多银子？”王有龄一点就通，这才明白原来何桂清给他的也是“做官的本钱”。后来他把钱送进去，实缺果然就派出来了。

胡雪岩的启示	读历史，要从当中看出一些道理来，这样才对我们有帮助。

这段事情我们讲到这里就好了，再讲下去便没有意思了。因为有很多事情当时是对是错我们并不知道，所以王有龄怎么花钱投供，怎么打通关节，又是怎么补得实缺，这其中细节我们没有必要去讲。满清政府最后那样的没落无能，以至于我们现在读到这段历史都会觉得压抑郁闷，就是因为官场的腐败。我们现在不应该走以前的老路，更不允许这种腐败的现象，否则还怎么称得上社会进步？所以过程我们会交代，细节不必详细地去讲。

我从小在家里，乱七八糟的事情从来不谈，因为父亲讲过一句话：该听的话才可以听，不该听的话不能听。不该听的话，听了就会在脑子里留下痕迹，以后做事难保不会受到干扰。现在的科学更证明这点，任何乱七八糟的信息，只要进入脑袋就会影响思维。孔子说“知之为知之，不知为不知”，意思绝对不是说知道的事情就说知道，不知道的事情就说不知道，如果那样孔子也太没有学问了。孔子真正的意思是说，这件事情虽然你知道，但是不应该讲，你也要说不知道。所以有很多学生问孔子这样那样的事情，虽然孔子都清楚，但是他也说不知道，他不是欺骗，而是讲妥当的话。

我们读历史，要从当中看出一些道理来，这样对我们才有用，对我们的下一代才有帮助。如果看了半天，还是觉得做人要去讨好人家，要去溜须拍马，这样的乱读书不如不读书。看胡雪岩的故事，也要从他的经历当中汲取有益的道理，而且这些道理应该是值得我们回味，值得我们学习的。

结交漕帮

王有龄补得了个什么实缺？他被委任为海运局衙门的“坐办”。清朝皇帝大臣所需的粮米，均是由鱼米之乡的苏杭地区通过运河运往京城的，称为“漕运”。参与运粮工作的一班人马，称为“漕帮”。后来因连年战事，漕运常常阻塞，造成运粮误期，于是朝廷下旨改漕运为海运。海运局衙门便是专门为漕运改海运而设立的，“总办”由藩司兼领，相当于局长，“坐办”还算不上局长，却是主持实际工作的人。

这个官职重不重要？如果粮米按时送去，那就无关紧要；但如果不能按时运到，那就重要得不得了。你想皇帝要是没有粮吃，那岂不是天大的责任？中国人的事情其实只有四个字，叫作可大可小，说大就是大事一件，说小就是小事一桩，重要不重要随时都会变化，完全因人而定。所以，海运局的工作说好办很好办，说难办也很难办。

王有龄新官上任，于公于私都很想做出些成绩来，但他做海运的事情毕竟不是内行，所以就去找胡雪岩商议。胡雪岩本来就机敏果断，洞察事态，再加上几年社会磨炼，大小事情讲起来都是头头是道。他跟王有龄分析说，现在太平军闹得厉害，河道不畅，朝廷不得已改用海运，但以前漕帮的那些人不能得罪，必须取得他们的理解和支持。现在兵荒马乱，市面上粮米紧张，一时很难收到大批的粮食，而漕帮与粮商关系很好，手中又有囤粮，如果能够出手相助，必将事半功倍，若是他们从中作梗，将是很大的麻烦。

王有龄一听，面有难色，因为他刚刚上任，人生地不熟，根本不知道应该从哪里入手。胡雪岩看出王有龄的心思，笑了笑说：“没有关系，此事交给我好了，我代你去打通关节便是。”

话虽如此，王有龄听了还是将信将疑，但是也没有更好的办法，只好交由胡雪岩先去办理。

我们中国人有一句话，叫作擒贼先擒王。要跟漕帮拉关系，当然也要先从老大下手。胡雪岩打听得知漕帮的老大，人称魏老爷子，年过八十，虽然江湖之事已委派大徒弟尤五处置，但在帮中仍是颇有威望，重大事情还需请示他才能定夺。这个很有意思，中国人说不管，却又要管；说要管，却又不管。其中的奥妙很值得我们去琢磨一番。

胡雪岩来到漕帮，见到魏老爷子，递上自己的门帖后说："晚辈受王有龄王大人之托，前来向老前辈求教！特意设下酒宴，敬请老爷子赏脸光临。"

魏老爷子见胡雪岩亲自前来，态度十分坦诚，又代海运局王有龄设宴相邀，不好推却，态度顿时有所改变："老弟今日来访，必有见教，我个性爽快，有事请直说无妨。"

有了不错的开局，胡雪岩接着说了下去："胡某也是这种痛快性格，当前有一件为难的事情，想与你老人家相商。"他讲起自己开有钱庄，现在想为王有龄在上海、松江等地筹措粮米，以完成朝廷漕运改海运之事。

海运！听到这两个字，魏老爷子十分反感，两眼直直盯住胡雪岩。

胡雪岩知道魏老爷子不满的原因，因为把漕运改海运就等于是夺了漕帮饭碗。这是胡雪岩之前就料想到的，所以他马上解释道："魏老前辈请别误会，胡某也是受王大人之托，前来商量此事。江湖上有句话叫'山不转水转'，改海运只是个权宜之计，朝廷还在试办，漕帮弟兄的生计问题总会有办法解决，我们要想出一个对大家都有好处的办法来……"

"嗯！你这样说倒也听得进去！"魏老爷子点头表示赞许。

胡雪岩分析当前形势：军务吃紧，运河常常堵塞而耽误运期，朝廷怪罪下来，官府要查办，漕帮也推不了责任，目前之计是寻找转机，有饭大家一起吃。

魏老头听了胡雪岩的分析，觉得有道理，便叫来了他的大弟子尤五，并介绍说："胡老弟虽是'门槛'外人物，对我们漕帮倒也是关心，这个朋友我们应该交，你们谈谈吧。"尤五见老爷子看重，同时

胡雪岩的启示	把别人逼得无路可走，就等于给自己制造困难。

又知海运局要买漕帮的囤米，一时不好意思推托。胡雪岩见尤五似有难处，便开口道："帮兄弟忙不可勉强，我们宁可另想办法，也决不能使好朋友为难。"

尤五一见胡雪岩态度诚恳，毫无虚言，就说了实活。他说："不是不肯卖掉这批米，只是目前战乱当头，米价一定看涨……"

没等尤五说完，胡雪岩就把话接过来："只要漕帮这批米先借给海运局作'海运'之用，阜康钱庄不仅可以给漕帮贷款，而且米价可以按最高价计算，决不让漕帮吃亏。"

尤五听了，当然没话说，因为这样一来，倒是胡雪岩帮了漕帮一个大忙了，这样的好事，何乐而不为呢？

胡雪岩为什么这样？因为他明白，如果把别人逼得无路可走，就等于给自己制造困难。他如果开口就说：这是朝廷的命令，由不得你们想不想做，不做官府就要拿你们定罪……此类话语是江湖人士最受不了的，那样漕帮宁可鱼死网破也决不会同他合作。胡雪岩欲擒故纵的一句"帮兄弟忙不可勉强，我们宁可另想办法，也决不能使好朋友为难"，使得尤五的态度有了彻底的转变。所以很多事情一来一回，就看怎么去拿捏。胡雪岩设身处地，为他人着想，把话说得让别人听得进去，当然能够争取到主动，这又是他很灵巧的地方。

另外一点，胡雪岩出面来做这件事情也有他的道理。中国人讲话，要看是否符合身份，讲求是否合乎立场。一样的话，有的人讲我们就觉得他讲得很对，而有的人说我们听得就很不顺耳。胡雪岩跟魏老爷子说把漕运改成海运只是权宜之计，以后世道太平了，还是会改回来。这种话胡雪岩可以讲，但王有龄不能讲，当官的讲了就等于下了保证，万一改不回来就是食言。胡雪岩跟尤五讲，你帮我忙，我帮你忙，这样的话王有龄也是不能说。但是事情的关键还不在于此，而是胡雪岩不讲则已，一旦讲了他就会做到，这才是最难得的，如果他只说了不做，那就是开空头支票了。所以，尤五觉得胡雪岩这个人虽然不是江湖中人，但是他有江湖义气。

升任知府

尤五事后很感激胡雪岩，觉得魏老爷子说得对，这个朋友是交定了。在以后的交往中，尤五经常把江湖上许多信息提供给胡雪岩，使胡雪岩在浙江一带的生意做得顺风顺水。有了漕帮的帮忙和胡雪岩的从中筹划，王有龄在海运局的差事做得也是一帆风顺，深得抚台黄宗汉的赏识。

王有龄就任海运局坐办不久，又一次得到了高升的机会，被委任为湖州知府。对于这次破格提升，王有龄自然心中欢喜万分。可是胡雪岩跟他讲，去当知府固然是好事情，但海运的事情谁干呢？

王有龄这才觉得海运局的事确实是个难题，因为要去湖州担任知府，海运局的事情按理必然要交出，但是调运漕米缺下的亏空，一时间难以填补，若是交给他人，难保不会被翻以前的烂账。王有龄一时没了主意，问胡雪岩要怎么办才好。胡雪岩说鱼与熊掌兼得，他向王有龄提议两边兼职。由此我们可以看出，他们两个人的个性是不一样的。王有龄中规中矩，不敢想得太多，可是胡雪岩毕竟是生意人，能赚就赚，反应非常快，这其中有很大的差别。

在胡雪岩的指点下，王有龄以海运局还有事务未处理完结为由，向黄宗汉提出就任湖州知府的同时，“兼差”海运局职务的请求。黄宗汉说：“答应你兼差原无不可，不过……”说着两眼望空，似乎有所盘算。停顿半晌，忽然他问出一句：“你能兼顾得来吗？”

王有龄按照胡雪岩的交代连忙回答：“兼得！兼得！请大人放心，我有个朋友叫胡雪岩，办事十分得力，年轻有为，是个奇才，而且他家道殷实，现在自己有个钱庄……”

黄宗汉一听到“钱庄”两字，眼睛一亮，然后就直奔主题：“现在朝廷国库空虚，各省的督抚纷纷捐献饷银，我也要凑些银子出来略尽绵薄之力。明日要商议捐饷的事情，不妨把你的朋友也叫来，看看有多大实力。”

胡雪岩第二天如约而来，二话不说，替黄宗汉捐了一大笔银子。黄抚台见胡雪岩确实财大气粗，觉得王有龄也很识窍，海运局兼差一事当然不在话下。事后胡雪岩对王有龄说，兼差终究不是长久之计，这样牵扯你在湖州的精力，恐怕两边都难以做好，海运局的事宜还要找个自己的人来管。

公私两便

王有龄在胡雪岩的出谋划策和大力协助之下，官运亨通，不仅当上了湖州知府，而且很快又升任为浙江巡抚。王有龄也是有情有义的人，自然要报答胡雪岩，那他到底给了胡雪岩一些什么样的帮助呢?

很简单，王有龄是当官的，当官的要收税，收来的银子不能放在官府，也不能放在自己家中，一定要放在钱庄。而胡雪岩是开钱庄的，王有龄自然会将税银放入阜康钱庄。当时钱庄替官府保管官银，是不必支付利息的，因此这些银子给胡雪岩提供了充足的资金，让他能够有更多的银子可以周转，以钱滚钱，发展十分迅速。这样既不违法，也没有什么不对。

王有龄升任湖州知府以后，胡雪岩在那里也开了一家分号，业务范围进一步扩展，这也是一种帮忙。胡雪岩任跑街时，经常前往湖州收账，他了解到做蚕丝生意很有钱赚，因为湖州是浙江有名的蚕丝产地，湖州南浔所产的“七里丝”更是名甲天下，洋人十分看好。胡雪岩脑筋动得很快：从前没有资本和条件涉足这一行业，现在既然有湖州这笔官银可以动用，何不先在湖州收丝，然后运往上海卖给洋商，一来一去可以利用官银先做一笔生意，这样赚到的钱是我该赚的，到时候也不误官府公款的用度。这是公私两便，不是官商勾结。

西方的企业家责任比较单纯，一方面是经济责任，就是一定要赚到钱，因为赚不到钱企业就会破产；另一方面是社会责任，企业家要回馈社会，注重环保等。中国的企业家，除了西方企业家具有的经济责任、社会责任之外，还有两种他们不具备的责任，一个叫政治责任，一个叫文化责任。

很多人老问中国到底是什么经济体制，我们不完全是自由经济，也不完全是计划经济。也有很多人批评中国是人治，西方是法治，这是绝对不正确的观念。即便全世界去找，也找不到绝对人治或者绝对法治的地方。人治法治只有两种情况，一种叫作法治大于人治，一种叫作人治大于法治。我们平常都用二分法，这不符合《易经》的道理，世界不是黑白分明，而是阴中有阳，阳中有阴，只有这样才能够了解我们中国人的事情，否则只会看得一头雾水。

什么叫政治责任？就是要配合国家的政策。一个商人，一定要有国家观念。西方认为商人是没有祖国的，就是唯利是图而已。中国的商人谁敢唯利是图？商人不配合国家的政策寸步难行，更不要说发展壮大了。市场的物价有时要受政府的一些制约，这是很合理的，百分之百规定当然没有必要，完全开放自由市场那也做不到。所谓文化责任，就是要保持和发扬民族文化，尤其是在跟国际接轨的时候，传统文化如果因此消亡了，那是得不偿失的。

胡雪岩一再讲，一个人不管从事什么行业，一定要忧国忧民，也就是我们中国人所常说的“国家兴亡，匹夫有责”。保护我们国家的不是当官的，也不完全是当兵的，而是平民百姓。上忧国，下忧民，

胡雪岩的启示	事情太顺，要特别小心。

胡雪岩一生都是这样。胡雪岩在这方面不是简单讲讲而已，而是有真正的行动，这些我们后面会慢慢地讲到。

福祸相依

胡雪岩在王有龄的帮助之下，生意越做越大，王有龄在胡雪岩的帮助之下，官位越升越高，这一对结拜兄弟，一个在官场，一个在商场，都发展得非常顺利。王有龄曾经提醒胡雪岩：事情太顺，我们要特别小心。胡雪岩听了不以为然，反而笑王有龄沉不住气，说王有龄在这方面要向他学习才是。福祸相依，过分顺利，其实不见得好。

王有龄和胡雪岩合作，是不是官运亨通呢？当然百分之百是官运亨通。一个读书人，一辈子最想要的就是能够求取功名，能够为国做事，能够步步升迁，这些他都做到了。王有龄仅仅用了十三年的时间，就从一个海运局的坐办，一路升到浙江巡抚，这可能是很多人一辈子也达不到的。但也正是因为如此，后来太平军攻破杭州的时候，王有龄才会抱着“城在人在，城破人亡”的信念，最后上吊殉城而死。如果没有碰到胡雪岩，王有龄可能一辈子只是穷点儿而已，用不着担当这么大的责任，更不会这么早死。那是胡雪岩害了王有龄吗？我们也不能这么想。

中国人一个很了不起的地方，就是我们看问题看得很长远，看得很大气。胡雪岩最后帮助左宗棠收复新疆才是大事，其他的都是小事。如果王有龄死了，然后胡雪岩也没有做出对国家有益的事情，那王有龄就是白死了，真的是划不来。王有龄帮助了胡雪岩，胡雪岩又去帮助左宗棠，就等于王有龄在帮助左宗棠。虽然王有龄死了，没有参与后面的事情，但是他的精神还是灌注在其中了。有两个字是全世界只有我们中国人才懂得，这也是王有龄最了不起的地方，是他最大的贡献所在——成全！王有龄牺牲自己的性命，成全了胡雪岩。我们想想看，如果王有龄不死，胡雪岩总是跟他搭档，后来也不去找左宗棠，一生了不起就是赚几个钱，过很好的日子而已。

成全二字外国人始终搞不懂，现在连中国人都开始搞不懂了。有句俗话叫夫唱妇随，不是说重男轻女，那是大错特错。你是贤内助，你就要成全自己的丈夫有所成就，这才叫妇德。有对年轻的夫妇来问我：我们在家总是为谁洗碗吵来吵去，应该怎么办。我的答案很简单，你们两个自己看谁比较没出息，没出息的那个人洗。两个人都没有出息，一个人洗一次轮着来。

我们没有必要过分强调男女的分别，两个人结婚，如果女的比较能干，男的洗碗，心甘情愿，成全对方；男的在外面比较有成就，女的洗碗，毫无怨言，还是成全对方。

成全，是一种了不起的美德！我们能说是胡雪岩害死王有龄吗？当然不能。王有龄死得有没有价值？我可以说有。他的价值不在他自己，而在于他成就了胡雪岩，让胡雪岩有机会去帮助左宗棠，为国家做更重大的事情。用两个字形容，就是成全！所以说王有龄的死是有价值、有贡献的，他死得心安理得。

在杭州城即将被攻破的生死关头，王有龄依然想到的是胡雪岩，托付给他两件十分重大的事情。胡雪岩到底有没有完成王有龄的重托？他都做了哪些事情？我们一起接着看下去。

【第六章】

重在朋友

营业大厅。大堂气宇轩昂，中堂挂"寿仙图"，两侧青龙招牌写："饮和食德、俾寿而康。"店堂中置一只大香炉，终日香烟缭绕，遇上顾客不满意的药品，一律投入香炉

太平军围攻杭州城，城内弹尽粮绝，身为浙江巡抚的王有龄决心与杭州城共存亡，他托付胡雪岩逃出城去，一是请援兵，二是买粮食。在这性命攸关的紧要关头，王有龄把这项重任交给胡雪岩，完全是出于他对胡雪岩人品和能力的信任。当年王有龄和胡雪岩相识之时，两人都只有二十多岁，一个是落魄的书生，一个是钱庄的小伙计，但两人真诚相待，互相帮助。十几年来，王有龄官运亨通，胡雪岩生意兴隆，彼此已经建立了十分稳固的信赖关系。

胡雪岩知道责任重大，他冒着千难万险买来粮食。可是，还没运到杭州城，就听到了王有龄自杀殉职的消息。这个消息对胡雪岩来说，如同晴天霹雳。

纵观胡雪岩商路和王有龄官道历程，我们现代人能从中获得什么样的启示？王有龄在生命的最后关口，为什么会把求生的唯一希望寄托在胡雪岩身上？作为一个商人，胡雪岩与王有龄之间又是一种怎样的关系呢？

咸丰十一年（1861 年）十月，太平军在忠王李秀成的率领下进军浙江，一路攻至杭州。身为浙江巡抚的王有龄眼看杭州城被太平军层层包围，城内粮食空虚，城外又无援兵，心中焦急如焚。在这样的生死关头，王有龄再次想到了胡雪岩。

临危受重托

王有龄派人将胡雪岩找来，拿出两万两银票和两封书信交到胡雪岩面前，说道："杭州城危在旦夕，眼下最要紧的就是粮食和救兵，这些银票是委托你到上海办粮之用，还有两封求援信，拜托你无论如何要交到江苏巡抚和闽浙总督两位大人的手中，请他们筹饷筹粮，速派援兵前来解救杭州之围。"说完屈膝而跪，代表杭州军民请胡雪岩受他一拜。

胡雪岩心中顿时如泰山压肩，重若千钧。他一边连忙将王有龄扶起，一边说道："此事事关重大，虽然没有把握，但定当尽力而为！"说罢将求援信和银票小心翼翼地放入衣内，连夜雇了一只小船，混出杭州，办粮求援而去。

胡雪岩乘小船驶至嘉兴，被一队巡逻的太平军撞见，喝令他们上岸接受检查。胡雪岩一上岸，带头的军官就问他是干什么的，兵荒马乱的要去哪里。碰到这种状况该怎么办？他能说我是胡雪岩吗？谁认得胡雪岩是谁，这么回答，不是被一刀捅上，就是被捆绑回去。此时如何应变，就能看出一个人的机智来。胡雪岩二话不说，马上拿出十两银子，双手奉上。此来一方面是奉上银子买个和气，一方面也是用行动告诉对方：我只是个商人而已。行动往往比语言更容易使人相信。如果不送银子，只说自己是个商人，人家会想：商人就是有钱人，你怎么还这么小气，不知道孝敬些上来吗？可能恼羞成怒，一刀就把胡雪岩杀了。

那军官拿了胡雪岩的银子，照样砍了他一刀，但是有了十两银子垫底，刀下自然留了几分情面，并未砍中要害。其实军官砍胡雪岩一刀是有用意的，倘若胡雪岩离开后再被下一班巡逻的岗哨捉住，发现他毫发无伤，追究起来，岂不是自己失职吗？现在砍上这一刀，万一追查起来，也有话可说：我砍了他一刀，谁又知道他如此命大能够逃脱呢？可见任何举动，都有前因后果，都有来龙去脉，不会无缘无故。

胡雪岩在人群中趁乱逃脱，跑出老远后，见太平军没有追来，这才发觉手臂血流如注，痛得几乎昏死过去。他忍痛将衣服扯成布条，自己包扎好伤口，不敢停留，继续赶路。胡雪岩苦撑了一日一夜，终于赶到松江找到了尤五。尤五一见他这副模样大吃一惊，已经整整一天没有进食的胡雪岩，此刻连说话的力气也没有，一下瘫倒在地。

吃了几口热饭，处理了一下伤口，胡雪岩这才有了几分气力，于是向尤五说起了杭州的情况。他对尤五说，我现在要买米，而且无论如何要把米运回杭州，不然对不起王公的嘱托。尤五等人对胡雪岩自然没有二话，很快凑齐了粮米，沿途安排漕帮朋友一路护送，运粮的

胡雪岩的启示

对一个人来讲，常识往往比知识更加重要。

船队先走宁波海道，后由钱塘江转水路向杭州一路驶去。到了钱塘江面就离杭州城不远了，但是城外的太平军已将杭州围了个里三层外三层，而城内的官军也根本无力突围接应，眼看杭州城就在近前，胡雪岩却无法将粮食运抵城中。

杭州城最后终于被太平军攻破了，王有龄上吊而死，以身殉职。消息传来，胡雪岩一时万念俱灰，悲痛欲绝。此时他内心纵有不甘，却也无回天之力，只能在船头遥望北岸，洒泪叩拜，最后掉转船头，向宁波驶去。

公私要分明

王有龄初遇胡雪岩的时候，两人都只有二十多岁，一个是落魄的穷书生，一个是钱庄的小伙计。两人结拜成兄弟后，真诚相待，互相帮助，在各自的领域里都有了很大的发展。胡雪岩和王有龄，一个商，一个官；一个识字不多，一个饱读诗书。那么这样相差悬殊的两个人是怎么相互配合的呢？纵观这两个年轻人发展的过程，不免让我们有所思考。

王有龄读过的书要比胡雪岩多得多，但这只能代表他的学识比较多而已。我们一路看来不难发现，胡雪岩在常识方面其实要比王有龄高明许多。什么叫常识？就是能够在日常生活当中运用得很熟练，很有效的知识。中国人笑话别人，只会笑他连一点儿常识都没有，却很少会笑他没有知识。可见，对一个人来讲，常识往往比知识更重要。

一个人除了知识和常识以外，还要有胆识，也就是胆量。胡雪岩在这方面也是赢过王有龄的。因为胡雪岩有这种需要，而且从小的经历也培养出了他胆大心细而不妄为的性格。除此之外，一个人还需要有另一样东西，那就是见识，也叫作阅历。胡雪岩在商场上摸爬滚打多年，三教九流、形形色色的人他都接触过，这一点上，王有龄当然也不如他。

我们从知识、常识、胆识、见识这四方面比较来看，王有龄只在知识上占据优势，其他三方面都是不如胡雪岩的。所以王有龄对胡雪岩一直十分佩服，几乎是言听计从。胡雪岩曾问王有龄为什么如此听信他的建议，是不是因为对当年借钱给他投供的事心存感激。王有龄告诉他：如果仅仅是因为你帮过我的忙，我就听你的话，那我一定不是个好官。因为公私一定要分明，私人的恩怨只能用私事来了结，不能用公事去处理。你给我的建议如果是为朝廷好，为百姓好，我自然会听；如果只是对你我有益而危害百姓，我根本不会去做。

做人要知恩图报，但是私人的事情，绝对不可以拿公家的事情来了断。王有龄出身书香世家，家教良好，他很懂得这些道理。老实讲，王有龄是个好官，他无愧于自己的祖先门庭。可惜现在很多人不了解这些关于公私的道理，所以才搞得一塌糊涂。

胡雪岩和王有龄两个人可以算得上是志同道合的朋友，他们都没有想过要为了个人的私利而损害国家或百姓的利益。他们两个人在一起，很少谈些无聊的事情，所以他们两个人虽然很年轻，却都成长得很快。

有一天，胡雪岩问王有龄，人无时无刻不在吸新吐故，你觉得“吸”比较重要，还是“吐”比较重要？王有龄毕竟是个书生，他觉得应该是“吸”比较重要，没有“吸”，人还活得了吗？胡雪岩却不这么认为，他觉得应该是“吐”比较重要，只管去“吐”就好了，根本不必考虑怎么“吸”。王有龄当时参悟不透，不“吸”怎么能行？胡雪岩开玩笑说：“不‘吸’？不‘吸’就算了。”

我们也不妨想想看，人怎么可能不“吸”呢？因为“吐”到最后一定是会“吸”的，何必着急呢？从这里来看，胡雪岩和王有龄两个人的高低差别就显而易见了：论知识，王有龄比较丰富；论智慧，那他不如胡雪岩。

收服跷脚长根

胡雪岩发展自己的生意，除了要有王有龄这样的朋友，还要和各式各样的人打交道。他为了帮助王有龄搞好海运局的事情，结识了漕帮的魏老爷子、尤五等一些江湖人士，因为胡雪岩讲情意，重义气，跟这些人都成了要好的朋友。

胡雪岩眼见社会越来越乱，自己的生意又越做越大，便拜托上海一位叫古应春的朋友购买了一批洋枪，想由上海运回杭州，用以保护自家的安全。没想到半路遇见土匪，被洗劫一空。胡雪岩打听得知，抢枪的匪首叫跷脚长根，在附近的山头占山为王，但除此以外就一无所知了。胡雪岩想到了尤五，因为他们都是江湖人士，或许尤五认识跷脚长根这个人。

尤五虽然也不认识跷脚长根本人，但是却认识他的师父。于是尤五就请跷脚长根的师父出面，让跷脚长根把洋枪还回来。

天底下有的徒弟听师父的话，有的徒弟却是不听师父话的，跷脚长根就是后者。他看到师父，表面上毕恭毕敬，说师父怎么吩咐，徒儿就怎么做。师父听了很高兴，让他把枪支还给胡雪岩。在师父面前，跷脚长根满口答应，说马上就归还那批枪支。但师父离去后，他却又矢口否认，说不还就是不还。

胡雪岩是怎么办的？他完全是按照中国人的原则来处理的。中国人处理事情，一般是先给对方留足面子，搭好台阶，可如果给面子不要，留台阶不走的话，那就休怪不讲情面，就要正面动手了。

胡雪岩找到王有龄，说事已至此，我们该打就要打，绝对不能纵容土匪。于是官府调来官兵，将整座山团团围住。跷脚长根眼见山下全是官兵，知道自己插翅难飞，只好作破釜沉舟的打算，准备拼个鱼死网破。一时间双方剑拔弩张，眼看一触即发。

但是胡雪岩明白，真要动起手来双方都会死伤不少，而且自己的枪支也拿不回来，这绝对不是上策。现在官兵这样一围，自己就占据了优势，说起话来分量自然不一样了。得饶人处且饶人，他不愿看到跷脚长根自取灭亡，更不愿有更多的人因此而丧命，于是，他决定同尤五一起上山，亲自跟跷脚长根面谈一番。

胡雪岩见到跷脚长根，开门见山说明来意：现在官兵已将山头围得水泄不通，后面还有增援，你想跑是跑不掉了。但是你的师父特别嘱咐，说你是他心疼的徒弟，不能就这样死了。跷脚长根不禁纳闷儿：这是什么意思？

胡雪岩继续说，只要你们真心缴械投降，交出那批枪支，我可让官府招安你们，保证山上弟兄们的安全。跷脚长根自知已无退路，有这样的机会当然要先答应下来再说。但是在招安后的细节问题上，跷脚长根又同胡雪岩纠缠起来，既要驻扎原地，又想多要些粮饷。

胡雪岩说，粮饷不是问题，可以答应，但驻地要换往别处。如果不换驻地，也必须打散队伍重新整编。跷脚长根还是不答应，说我们都是患难与共的兄弟，他们是不会离开我的。胡雪岩说，整编是暂时的，将来再调回来也可以。话说到这里，跷脚长根也就无话可讲了，但是他还是不甘心就这样缴械，说我们赌上一把，最后输赢定结果。胡雪岩心里想，赌我还怕你吗？双方虽然看似僵持不下，但跷脚长根其实也知道自己别无选择，他要的只是个面子而已，内心其实早已松动了。

为了能够顺利将跷脚长根招安，胡雪岩故意输给他一万两银子，然而真正使跷脚长根改变态度的，却绝非这一万两银子，而是胡雪岩

胡雪岩的启示	方正之士，人人称羡；敬而远之，成不了事。

的气度让这个土匪心服口服。就这样，一场危机整个就化解掉了，胡雪岩不但顺利拿回了枪支，而且没有任何伤亡。

巧用嵇鹤龄

胡雪岩不仅跟江湖中人说得通，对其他不同的人也各有一套。王有龄接任湖州知府之前，得知湖州农民聚众闹事，便要着急赶去处理。胡雪岩却有不同看法，他对王有龄说，你这个时候去很麻烦，农民看到旧官离任，新官未到，趁此青黄不接的时机聚众闹事，就是要看你这个新官怎么办。你去处理得好是应该的，没有半分功劳；若是处理不好，则可能连官都被免掉。王有龄一听觉得很有道理，就想让胡雪岩代他去处理。胡雪岩却说，我师出无名，也不行。

一般人想事情，不是想到这边就是想到那边，脑筋往往不够周到。而胡雪岩想得却很周全，他告诉王有龄，你不能去，我也不能去，自然有第三人可以去。王有龄这才恍然大悟，赶忙问他，这第三个人是谁。胡雪岩能够想到这些，自然早有合适的人选。他说，我知道一个人，名叫嵇鹤龄，此人足智多谋而且能言善道，如果他去处理此事，相信定能马到成功。但是就有一点，这个人偏偏恃才傲物，刚强不屈，所以一直无人肯用他。

这样的人，我们给他两句话。一句是说“方正之士，人人称羡”。一个人既有能力，又有骨气，当然很了不起，当然人人喜欢。但是，下面还有一句话，“敬而远之，成不了事”。因为谁都不愿意跟这样的人打交道，大家看到他就会敬而远之，所以最后一辈子也成不了事，其实是害了自己。

孔子说过，“君子可欺以其方”。君子老是吃亏上当，总是为小人所害，就是因为太过方正了。嵇鹤龄就是这样的人，威胁利诱他都无动于衷，不肯出来就是不肯出来，以至于有能力但却无人会用。可是胡雪岩就有办法。

胡雪岩四处打听，得知嵇鹤龄的妻子刚刚过世，他正为没有钱办理丧事而发愁。胡雪岩是不是立刻赶去吊唁，表示同情呢？没有。因为空口说白话是没有用的，但如果直接给他钱，嵇鹤龄也肯定不会接受的。

胡雪岩知道，以嵇鹤龄的性格，绝不会轻易求人，但为生活所迫，一定去当铺典当过东西。于是胡雪岩就问典当行的朋友，哪一家当铺有嵇鹤龄的当票。我们常常讲“皇天不负苦心人”，只要用心，老天就会给我们很多机会。一番打听后，胡雪岩得知，嵇鹤龄果然在两家当铺都典当过东西。于是他派人把钱还上，把当票赎了出来，然后拿上当票去见嵇鹤龄。

胡雪岩见到嵇鹤龄，并没有上来就说这是你的当票，是我给你赎回来的。因为这样说仍然会让嵇鹤龄面子上过不去。胡雪岩说的很简单，就一句话而已：这是我的伙计在路上捡到的，我怕别人看到，所以赶快给你送来了。这样一来，嵇鹤龄就知道，胡雪岩不仅给自己赎回了当品，还顾全了面子，心里自然非常感激。胡雪岩随后又帮助嵇鹤龄料理妻子丧事，一切安排得既周到又稳妥。

事后嵇鹤龄问胡雪岩：你对我如此照顾，是不是有什么事情要我去做？胡雪岩说没有。嵇鹤龄不信，说你但讲无妨，只要我能够做到的，一定会尽心尽力。胡雪岩说不必着急，先把你的情绪调理好，以后再说。嵇鹤龄听到这里就更确信胡雪岩有事要找自己帮忙，又见胡雪岩这么体谅自己，连忙说，不行，那样恐怕会耽误事情。

最会讲话的人，是让对方把他想讲的话自己说出来，而不是一个人拼命去讲给对方听。嵇鹤龄见胡雪岩仍然不肯明说，反而更加着急了，他说有事情你不必顾虑，我也不是不想做事，只是要看为谁做而已。胡雪岩见时机成熟这才说，既然这样我也不兜圈子了，别的事情我也不会劳烦你，但此事你是最好的人选。我的好友王有龄已被任命为湖州知府，但因交接前职公务，还未正式走马上任，现在湖州民众聚众滋事，所以想请你前往处理。因为王大人是个好官，我才想请你帮这个忙，如果他是个坏官，我也不会插手此事。

嵇鹤龄对王有龄的名声也有所耳闻，加上胡雪岩这么一说，觉得安抚民怨也算功德一件，所以欣然同意前往。

鱼与熊掌兼得

胡雪岩慧眼识人，嵇鹤龄去到湖州，果然马到成功，从此二人越走越近，成了很好的朋友。嵇鹤龄后来告诉胡雪岩，一个人纵有天大的本事，单打独斗也永远成不了大事，因为一旦事情太多，分身乏术，再多的想法和计划都没有用。要想把事业真正做大做强，就必须要学会用人，还要用对人，使有本事的人都闻风来归，这样才能做成大事。

胡雪岩一点就透，懂得了"自己有本事不叫厉害，叫别人替你做事才是高明"的道理以后，果然像是变了个人一样。有了嵇鹤龄的建议，胡雪岩决定只要找到合适的机会，便会发展合适的事业。阜康钱庄是胡雪岩的本业，当然必须要顾好，但他知道很多事都没有必要自己亲力亲为，于是，他从自己的老同事里面，挑选出柳成祥和谭则云两个人，让柳成祥负责营运，谭则云管理财务，两人分工合作，负责钱庄日常事务，有要事才向他禀报，其余自行做主便可，而他自己也有了精力去做想做的事情。

同样道理，胡雪岩也跟王有龄商量：海运局亏欠的账款已经补上，兼任坐办一职绝非长久之策，终究会使你分心，难以专心做好湖

胡雪岩的启示　圆通是随机应变，圆滑则是投机取巧。

州知府，而且时间一长也难免会有人说闲话，需要找个信得过的人接任才是。找谁呢？他们想到了嵇鹤龄。大家不要认为这是营私舞弊，只是为了沟通方便而已，于是，王有龄向黄宗汉举荐嵇鹤龄接任海运局坐办。黄宗汉满口答应，还说王有龄举贤有功，值得嘉奖，但人事命令却迟迟不肯发布。

胡雪岩心知肚明，黄宗汉还是要钱。可是以嵇鹤龄的性格，别说没有钱，就是有钱也不会为了谋求官职而去打点黄宗汉。胡雪岩决定替嵇鹤龄出这份钱，但绝对不能让嵇鹤龄知道，于是他用红包包了两千两银票，以嵇鹤龄的名义写上“菲仪”（谦称，微薄的礼物）两个字，送给了黄宗汉的亲信随从。三天以后，委任状果然就下来了，任命嵇鹤龄接替王有龄担任海运局坐办。这一切做得不动声色，既没有伤及嵇鹤龄的清高，也使王有龄顺利卸下海运局职务，并换上了自己的人来承接。

为了发展事业，找到合适的人，尽量加以栽培，只要没有私心，只要是想把事情做好，没有什么不可以。现在很多人受西方的影响，一切都要透明化，认为凡事都应该像股利那样清清楚楚才对，这其实没有必要。何必一定要样样公开呢？中国人私下里一定是有“暗盘”的。什么是暗盘？不是大家都不知道的叫暗盘，恰恰相反，大家都知道，但却没有人说出来的，才是中国人的暗盘。所以中国社会是个没有秘密的社会。

嵇鹤龄就任以后，当然也听说了其中的经过，但他没有责怪胡雪岩，而是十分感谢。嵇鹤龄也已经想通了，在这样的大环境里面，我们只好委曲求全，该送的还是要送，这个我们无法改变。但是从我们开始，绝对不能接受人家的红包……

可见，嵇鹤龄已经从顽固不化，慢慢变得圆通起来。

胡雪岩虽然会做事，但是有些道理却没有办法说清楚。他曾经说

胡雪岩的启示	学习历史，应该反复去做各种不同的模拟和假设，这样才能知道哪条路是合适的。

过做人要圆滑一点儿，这句话是大错特错。中国社会绝对不欢迎圆滑的人，大家都对滑头的人深恶痛绝。但是，圆通的人则处处受欢迎。我们所讲的是圆通，绝对不是圆滑。圆通是随机应变，圆滑则是投机取巧，两者差别很大。我们长期以来没有把这些微细的区别搞清楚，所以最后是害死自己，也害死别人。

有人会问，这种情况现在还行得通吗？答案是，就算行得通，我们也不应该这样做，否则社会永远不能进步。由于当时满清政府腐败，才产生这种不合理的现象，但我们不能因此而否定了原本正确的基本原则。配合政府的政策，制定光明正大的经营目标，寻找合适的人才，正常发展合适的事业，这样才是正道。现代人不管从事哪种行业都应该明白：社会关系十分复杂，人情关系更是微妙，道理说起来是直的，道路走起来却常是弯的。

上半夜想想自己　下半夜想想别人

我们常说商人重利不重情，甚至认为无商不奸。但胡雪岩作为一个商人，却是广交朋友，乐于助人。他不仅讲求信义，而且注重情意，认为帮朋友的忙，实际上就等于帮自己的忙。这种话说出来不太好听，好像是要施恩图报，所以胡雪岩不这样讲，他说银子是用得完的，朋友才是一辈子的事情。我们可以发现，同样的意思用不同的方式去表达，听起来感受也是不一样的。我们总觉得用人要用人性的弱点，这样其实无异于威胁利诱，是很糟糕的事情。

胡雪岩曾多次看《三国演义》，对“三顾茅庐”一段印象十分深刻。当年刘备请诸葛亮下山，如果采用威胁利诱的方式，诸葛亮根本不会理会。我们都记得，孔明于草庐之中给刘备分析完三分天下的局势后说，我无意功名，策略已经告诉你了，你照着做就好了。如果刘

胡雪岩的启示	上半夜想想自己，下半夜想想别人。

备说，你不下山，那我怎么办呢？或者他威胁孔明说，我这个人比较好商量，可是我的三弟张飞脾气火爆，你不下山，他一时兴起，一把火把你的房子烧掉也说不定。孔明会怎么想呢？他会想，你怎么办是你的事，与我无关，要烧房子你烧便是，那样的话，我更加不会为你们这样的人卖命。刘备实际怎么说？他说你不下山，天下的苍生怎么办？孔明一下子就被刘备的这句话打动了，所以就下山了。我们学历史，应该反复去做各种不同的模拟和假设，这样才能知道哪条路是对的，哪条路是合适的。胡雪岩虽然读书不多，但他学得很精，而且自己不断地去演练设想，这样才能找出一个合适的路去效仿。

自私是人的本性，孩子一出生，拇指都是往自己嘴巴里放，没有见过哪个孩子把手指给人家吃。人不可能不自私，没有必要讲得那么道貌岸然，中国历代很多假的道学实在是贻害子孙。但是人也不能过分自私。胡雪岩常常告诉周围的人，做人上半夜想想自己，下半夜想想别人。但是现在的人，上半夜想想自己做到了，可没到下半夜就睡着了，所以从来不去想别人。

看过胡雪岩与各种人士交往的过程，我们回过头来想一个问题，王有龄生死关头拜托胡雪岩出城购粮求援，作为最好的朋友，他有没有完成王有龄最后的请托？你如果说没有，那就是不懂圆通；你如果说他完成了，那会笑死更多的人，明明没有怎么说有？真正中国式的答案很简单——从短暂的时间来看，他没有完成，所以王有龄才会以身殉职；但是从长远的观点去想，胡雪岩是完成了的。胡雪岩通过很多人际脉络，最终完成了王有龄对他的重托，所以他才能心安。而这其中最关键的人是谁？就是左宗棠。

[第七章]

以诚取信

胡庆余堂“真不二价”牌匾

胡雪岩冒着生命危险逃出杭州城，通过朋友买到了粮食，但还没运到杭州，就传来了杭州城破和王有龄自杀的消息。但是胡雪岩并没有忘记王有龄的重托，他通过打听得知，只有湘军的统帅左宗棠才有能力解救杭州，于是决定去求见左宗棠。左宗棠脾气暴躁，嫉恶如仇，而且听说了许多对胡雪岩不利的传言，在这种情况下去求见左宗棠，胡雪岩是要冒生命危险的。

胡雪岩很明白自己的处境，但是他并没有放弃，而是在去见左宗棠之前做了非常充分的准备。胡雪岩见到左宗棠后发生了哪些事情？为什么胡雪岩一句话就让左宗棠完全改变了对他的态度，而左宗棠又把什么重任交给了胡雪岩呢？

胡雪岩得知王有龄以身殉节，虽然伤心至极，却也只能掉转船头，向宁波方向驶去。到了宁波以后，同船的人对胡雪岩说，现在宁波难民很多，不如先把粮食卖掉好了。胡雪岩说，没有把粮食运进杭州，我对不起王公。后来见宁波的粮食越来越紧张，船上的粮食也无法转运别处，最后只好平价出售。

胡雪岩连受打击，加上一路饱受风寒，身子支撑不住，终于病倒了。数日以后，没等病体痊愈，他就决定要动身去上海。因为他想王有龄已经不在人世，自己在此徒然哀伤也没有用，而在上海，一则有古应春、尤五等众多朋友，消息比较灵通，便于打听到杭州的情况；二来上海有他的阜康分号，总比在宁波办法来得多；第三，也是最最要紧的，他要到上海、松江一带去买粮食，不管清军能否攻克杭州城，一定要把粮食送进城去，以告慰王有龄在天之灵。

胡雪岩是善于同时处理多件事情的人，这是很值得我们学习的方面。一个人要成大事，一定要具备这种能力，并不是说专心一意只把一件事情做好就够了，这种能力也需要靠平日的训练才能具备。

胡雪岩的启示	一个做大事的人，一定要具备同时处理多件事情的能力。

到了上海之后，胡雪岩一面打理日常生意，一面时时打听杭州的消息。后来，终于有人从杭州带来消息，说左宗棠的军队从江西打进浙江，现在已到衢州，不日就要收复杭州。胡雪岩心想，王有龄的重托靠自己是没有办法完成的，只能把希望寄托在左宗棠的身上，所以他下定决心，一定要想办法见到左宗棠。

谋定而后动

左宗棠是湖南人，脾气是可想而知的，况且他又是朝廷重臣，当时有种说法，国家不可一日无湖南，湖南不可一日无左宗棠。这样分量的人想要见到可不是件容易的事情。左宗棠一生为官清廉，志大言大，对胡雪岩这样一个商人的事情当然没有兴趣。但他既然要收复杭州，就要了解这里的情况，因此对王有龄和胡雪岩的事情才会留意起来。当时有人出于对胡雪岩的忌妒，趁机诬陷，说王有龄给了胡雪岩两万两银票和两封求援书，让胡雪岩出城办粮并乞求援兵，胡雪岩一件没有办成，拿着银子跑掉了，还说胡雪岩趁乱为非作歹，营私舞弊。左宗棠听到这样的传言，自然对胡雪岩印象很坏，因为他平生最痛恨这样的人。

中国人常说料事如神，其实不是我们聪明，而是我们善于用脑筋。胡雪岩既然打算去见左宗棠，自然就要先打听清楚他的脾气秉性，绝对不会贸然前往。所以有朋友就告诉胡雪岩说，左大人脾气暴躁，嫉恶如仇，而且有人在他面前打你的小报告，说你将王有龄委托买粮的银子据为己有，左大人信以为真，对你的印象十分不好。现在你去见他，肯定是凶多吉少，一句话说错，弄不好连性命都会丢掉。

胡雪岩明知如此，但他认为自己必须去见左宗棠，因为这是完成王有龄遗愿的唯一办法。人在该冒险的时候，就是要鼓起勇气去面对

胡雪岩的启示	英雄要爱惜自己，留得有用的性命去做更大的事情，这样才是真正的英雄。 一出手就命中，这才是中国人的高明策略。

实际的状况。但是有勇气，也绝不能白白送死，那样是无谓的牺牲。我们常常觉得英雄就是要不怕死，其实不怕死的结果只会是死得快，那是鲁莽，不叫英雄。英雄要爱惜自己，留得有用的性命去做更大的事情，这才是真正的英雄。所以要问人该不该怕死？答案是要合理的怕死，不能过分怕死。需要死的时候就要慷慨赴死，不必死的时候枉送性命没有任何价值。

一番周密考虑之后，胡雪岩认为首先要消除左宗棠对他的误会，否则任何事情都做不了。于是，胡雪岩将王有龄交托的两万两银票用信封装好，准备一见到左宗棠就先呈出来。既然知道了问题的症结所在，就要提前做好准备，不能等左宗棠问起后才去临时想办法应付。他又想到左宗棠此时最需要的就是粮米和军火。但是如果筹备军火，难保不会再产生误会，所以胡雪岩思虑再三，认为还是送粮米最为稳妥，所以就买了两万石的粮食，准备作为军需送给左宗棠。一见面，银票奉上，粮米奉上，比说什么都有效。胡雪岩考虑得很周全，后来事情的发展也证明他想的是对的。人要做事，一定要未雨绸缪，一出手就命中，这才是中国人的高明策略。

只会做事不会做官

打定主意后，胡雪岩吩咐人将粮食装到船上，仍旧走水路，踏上了前往衢州的行程。左宗棠手下有一位叫王德榜的部将，曾经与胡雪岩有过一面之缘，所以临近左宗棠军营时，胡雪岩就沿路打听，希望能够找到这位王将军，由他引见去拜会左宗棠。俗话说，熟人好办事，不见得说只有做营私舞弊的事情才需要这样，因为熟人见面最起码有三分情面，彼此有些了解，说出的话对方才比较容易听得进去。

功夫不负有心人，胡雪岩终于打听到王德榜果然跟随左宗棠驻扎

胡雪岩的启示　做中国人，要先学会听话，然后再学讲话。

在衢州，于是胡雪岩赶紧吩咐粮船向王将军的驻地驶去。还未到军营，巡逻的哨兵远远就望见了胡雪岩的船队，大声问：来者何人？胡雪岩闻声赶忙站到船头，大声回答说，我是做生意的。兵荒马乱的，到军营边上能做哪门子生意呢？哨兵心想，于是又问，船上装的是什么东西？胡雪岩回答说，是献给左大人的粮食，特先来求见王德榜王将军引见。

哨兵听说有人来送粮食，立即去回禀给王德榜，这才招呼胡雪岩停船上岸。因为一来胡雪岩能够叫出王德榜的名号，而王将军对他也有印象；二来内行人都知道粮米很重，又见胡雪岩的船的确吃水很深，所以才不会怀疑。

胡雪岩如果没有做好这些准备，只是蒙头乱撞，两军阵前，又是大战在即，被当作奸细捉住砍头也说不定。所以，我们要自己找到行得通的路，而不能事事坐等老天爷的帮忙。

王德榜见到胡雪岩后，便径直带他去往总督堂部，一番通禀之后，胡雪岩就被带进后堂，终于见到了左宗棠。

一见面，胡雪岩恭敬得体地上前请安："浙江候补道胡光墉参见大人。"王有龄在任浙江巡抚的时候，给胡雪岩捐了一个三品的虚衔，所以胡雪岩自称"浙江候补道"。

左宗棠打量了一下胡雪岩，问道："你不是胡雪岩吗？怎么又叫胡光墉呢？"

胡雪岩赶紧回答说自己本名是叫胡光墉，之后取的字号叫雪岩。

左宗棠听后不冷不热说："听说你是王中丞手下的一名能员，很受王中丞的器重啊。"

这句话是好话还是坏话？当然不是什么好话。中国人最要紧的还不是讲话，而是听话。一句话说出来，善意恶意分不清，弦外之音听不出，那就糟糕了。做中国人，要先学会听话，然后再学讲话。可现在很多人是连话都不会听，就拼命要去讲话，这就更是糟糕透顶了。

胡雪岩当然听得出来，这并不是溢美之词，于是连忙跪倒在地说："胡某只是为王大人做了点儿应做的事，盛名之下，其实难副，左大人明鉴。"胡雪岩好歹有个虚衔在身，本来是不用跪的，可这种情况之下，哪里还能讲究那些，先跪下再说。

左宗棠脸色一沉，表情严肃："既然你为王中丞做了不少善事，为何有人说你营私舞弊，为非作歹，依仗官府之势发了大财？"

胡雪岩对此早有准备："胡某是个商人，只知奉公守法，不敢为非作歹，更无营私舞弊之事，只是受王中丞知遇之恩，或许处事不避劳怨，得罪了一些人也有可能。今日来见大人，是因为有一事辜负了王中丞所托，特向大人请罪。"

没有王有龄，胡雪岩拉不上左宗棠这根线。有了王有龄，左宗棠对胡雪岩才会有这么坏的印象。胡雪岩如果没有以前那么多的历练，这种压力恐怕他是难以承受的。

左宗棠问："你何罪之有？"

胡雪岩一看有说话的机会了，心里就沉稳了许多，便将王有龄城破之前请托的事情，以及受命办粮的经过细细地说了一遍。然后拿出装有银票的信封说："这是当初王大人交给我的两万两银票，如今面交大人。"

虽然左宗棠没有去接，只让一个管事收下银票，胡雪岩心里长舒了一口气，一桩心事总算了结了。然后他又说："我是受王中丞所托，结果粮食没能运到，不能算交差。"

左宗棠不知下文，不免有些疑惑。

胡雪岩接着说道："听说左大人要收复杭州，所以备了两万石粮米以供军需，现在粮船就停泊在江面，请大人派人验收。"

左宗棠听了更加意外："两万两的银票你已经交还了，怎么又运

胡雪岩的启示 无中生有的夸大奉承，与挖苦嘲笑没有什么两样。

来这么多的粮米？如此破费，你图的是什么呢？”

胡雪岩态度诚恳：“小人并无所图，如果说有，一来是履行王大人生前所托，二来是感谢大人解救杭州百姓的大恩。”

左宗棠对此还是有所怀疑，他试探胡雪岩说：“我上奏朝廷，这些粮米就算作是给你补缺的银子吧。”

胡雪岩听到这里，内心的紧张情绪更加缓和了。他笑了笑，一字一句地说道：“大人栽培之恩，雪岩十分感激。只是雪岩是个生意人，一生只会做事，不会做官。”

胡雪岩的这一句话，彻底打动了左宗棠的心。因为左宗棠一生自问就是这样的人：只会做事，不会做官。他想不到眼前这个商人，居然和自己一样，有这么大的抱负！此刻，左宗棠感觉如遇知己，当然十分高兴。

胡雪岩怎么会知道左宗棠喜欢听这样的话呢？我们前面提到过，胡雪岩来见左宗棠之前，是经过了一番详细了解和充分准备的。为胡雪岩打听情况的朋友，除了替他了解到左宗棠是骡子脾气以外，还告诉了他左宗棠一向以“只会做事，不会做官”为自己的信条，以胡雪岩处世的经验，再加上用心谋划，自然知道应该如何应对。

胡雪岩能够得到这么准确有利的情报，与他平常诚心对待朋友是分不开的。他平常把朋友的事情都当成自己的事情来办，所以在他危难之时，朋友才会尽心尽力地替他网罗情报，搜集消息。如果平常对人敷衍了事，现在朋友讲给他的也只会是些众所周知的皮毛小事而已，当然不会有这样扭转乾坤的效果。由此可见，任何事情结果的好与坏，说到底都是自作自受。

我们回过头再来想一个问题，胡雪岩这样做，是不是一个马屁精呢？答案是绝对不是。胡雪岩如果上来就说，左大人你英明神武，简直就是当世的圣人……那左宗棠一定是会翻脸的。因为这样的话一听

胡雪岩的启示	中国人很讨厌被人家拍马屁，但却很喜欢人家制造些浓厚的马屁味道。

就是言过其实，就是溜须拍马。无中生有的夸大奉承，与挖苦嘲笑没有什么两样，没有人会愿意听。胡雪岩如果那样说，只会让左宗棠觉得他果然是个奸佞之徒，想必别人说过的那些话都是真的，说不定马上就把胡雪岩推出去砍了。胡雪岩讲的是事实，左宗棠最喜欢的话也正是这句。胡雪岩讲得恰到好处，闻起来有些马屁味道，但句句都是实话，所以当然不能说他是马屁精。

很多人说，中国人都是靠拍马屁才升官的，只有拍马屁才会发达，其实没有这回事，中国人最讨厌的就是马屁精，没有一个人能靠拍马屁而起家。我问过很多企业家：如果你的干部拍你的马屁，你会怎么样？他们都是马上板起脸孔说，如果我发现谁是马屁精，马上叫他卷铺盖走人。但是看到这里你如果就说，我知道了，我是中国人，我绝对不拍马屁，那你也死定了。

中国人很讨厌被人家拍马屁，但是却很喜欢人家制造些浓厚的马屁味道。不能刻意讨好别人，当然也不能故意得罪别人，这样才是正确的做法。想要在不讨好和不得罪之间走出一条合理的路子，那就是要时时刻刻制造一些马屁味道，分寸要拿捏得清楚，尺度要把握得准确，否则就会变成人人厌恶的马屁精了。

还有一种可能，就是左宗棠二话不说，上来就把胡雪岩推出去斩了，根本不给他说话的机会。但左宗棠是一名儒将，他个性刚烈但并不鲁莽，脾气虽大却不冲动，他会从一些蛛丝马迹中研判事情的原委曲直，所以不会乱杀人。这些胡雪岩之前都已经考虑到了，他想来想去，觉得此番前往虽然是有风险，但只要灵活应对，应该也是安全的。这正是胡雪岩敢担当、有胆识的地方。

胡雪岩是不是生性喜欢冒险？这样的性格好不好？我们无法置评，因为每一个人都要走自己的路。胡雪岩的路，就是他一生要承担很多的风险。命运是什么？就是自己的性格。有人说性格决定命运，

胡雪岩的启示	性格就是命运，每个人的命运怎样，都是性格在决定着他如何去选择。

其实性格就是命运。有的人比较保守，一点儿风险都不敢冒；有的人比较激进，什么事情先做了再说；而有的人刚刚好，不过分冒险，但是值得冒险的事情也不躲避。胡雪岩就是这样的人。所以每个人的命运怎样，都是性格在决定着他如何去选择。胡雪岩之所以能成就一番事业，与他敢于冒险而又不盲目冒险的性格是有很大关系的。

转危为安

胡雪岩一句话扭转乾坤，使得左宗棠彻底转变了对他的看法。眼看已到饭时，左宗棠便说："胡先生跟我到后面一起用饭吧。"胡雪岩连说不敢不敢。虽然左宗棠的态度已经改变，但此刻胡雪岩毕竟还没有十足的把握。

我们必须了解，中国人只说一遍的话，我们真的很难知道是真是假。如果说第一次你就当成真的，最后吃亏的只会是自己。举个例子我们就会明白：你到别人家里去拜访，正巧赶上他们全家人在吃晚饭。进来以后，主人一定会招呼你：过来，过来，一起吃吧。你敢直接就过去吗？如果坐上饭桌后才发现菜都吃完了，饭也没有了，只是盆底还剩了一口汤而已，那岂不是双方都很尴尬？

你敢不敢责问主人：什么饭菜都没有了，你怎么还叫我过来吃呢？这样说更是自讨没趣。主人会说我是出于礼貌招呼而已，谁想到你会真的过来了！这样的人别人怎么跟他互动？

主人说：来来来，一起来吃饭。你即便饿得要命，也要拍拍肚子说：刚刚吃饱，实在吃不下了。主人又说：千万不要客气，饭还是热的，汤也有，菜也有，过来一起吃吧。这样再过去坐下，又吃上三大碗。吃完后最好再"抱怨"主人一番：本来在家吃得饱饱的了，没成想女主人厨艺这么好，真是羡慕你有这样的太太，天天可以享用美食，不至于像我这样，碰上一顿肚皮都要撑破了。主人一听更加高兴：没有关系，没有关系，以后常来便是。大家皆大欢喜。

胡雪岩在那里连声说不敢，左宗棠讲了一句话：来吧，就算你陪我吃好了。胡雪岩这才确信没有问题，与左宗棠一起入座。如果左宗棠这样说了，胡雪岩却还是一味说不敢，相信左宗棠也不会有好脸色——不敢？不敢你就给我滚好了！很多事情，一个反应没有抓对就会错失机会，这只能怪自己，怪不得别人。

二人落座以后，左宗棠跟胡雪岩讲了一些看似无关紧要的事情，其实是在进一步考察他的反应。一顿饭吃下来，左宗棠这才认定王有龄没有看错人，胡雪岩的确是个好助手，可以托付重任。所以左宗棠当时就说："军队现在急需粮食，希望你能替我置办，但不知浙江粮米现在什么价格？"

又是一个难题摆在了胡雪岩的面前！

胡雪岩敢跟左宗棠有话直说，告诉他现在市面上粮米是什么价格，然后说我是生意人，多少要赚些利润吗？当然不敢。

胡雪岩的反应是何等之快，学徒时候练就的心算本领这会儿派上了用场，他在心里把人工、车船费用和该赚的利润都加了上去，然后跟左宗棠报出了一个合理的价格。胡雪岩这样考虑也无可厚非，不然他就不是生意人了。因为战时的粮价只会涨不会跌，今天一两银子一石，三天以后就会变成一两五一石，下手再慢些，二两银子一石也有可能。倘若胡雪岩现在说一两银子一石，左宗棠马上照此价格拨付银两让他置办一万石，那他不是死定了吗？胡雪岩拿了银子以后再说钱不够用，那以后还怎么能跟左宗棠继续相处。所以胡雪岩预估粮米涨价的幅度，再加上需要的费用，也是情理之中的事。

很多人觉得孔子好像是只讲义不讲利，这样的认识其实是有偏差的。孔子从来没有说不能讲利，也没有禁止他的学生经商做生意。儒

胡雪岩的启示	合理的利润就应该拿，不拿反而不对，因为那样就没法长久地合作下去了。

家思想讲求的是义利相济。只要利从义来，我们从不反对。合理的利润就应该拿，不拿反而不对，因为那样就没法长久地合作下去了。如果胡雪岩每次为左宗棠办事都往里搭钱，那他迟早会赔得身无分文，还有什么能力配合左宗棠呢？让人牺牲一次两次是可以的，但要长期牺牲就不合理了。我们看事情应该有这样的视角。

中国人讲究阴阳思想，任何事物都有阴有阳，商人也是如此。一种商人是把利益摆在中间，把道义摆在两旁。诚实守信只是嘴巴讲讲，一旦与自己的利益有了冲突，道义就统统抛在脑后了。这就叫唯利是图，没有人看得起。可惜大部分的商人都是这个样子，所以我们才会有一句流通很广的话——无商不奸。孔子说“三十而立”，其实并不是说三十岁就要立业，而是要立定一辈子为人处世的原则。有了正确的原则，然后又能坚持不懈，才会有事业的发展。胡雪岩从自己三十岁的时候就立定志向，这辈子既然从商，就要做一个把道义放中间，利益摆两旁的商人。该赚的钱一定赚，但是违背道义，不顾信义的钱绝对不能要。

胡雪岩正是秉承这样的理念，运用合理的沟通技巧和方式，转变了左宗棠原本对他的不良印象，取得了左宗棠的初步信任。他报出的粮价合情合理，左宗棠也没有话说，于是置办军需物资的事情就陆续落到了胡雪岩的头上。

胡雪岩也明白，跟一般人相处，做错了事情了不起道个歉而已。但是为左宗棠办事，就要加倍谨慎，因为左宗棠眼光敏锐，稍有差池可能连命都会丢掉。既然是高度危险的事情，胡雪岩为什么还要这样去做？如果他纯粹为了自己的利益，想借此把生意做大，那还是唯利是图，也就不值得我们去研究了。胡雪岩不是这样，他一直念念不忘的还是王有龄对他的嘱托。

中国人对逝者临终的遗愿是格外看重的，没有人会把它当成耳旁风。胡雪岩有情有义，又和王有龄关系非比寻常，当然更是牢记心头。他心里很清楚，如果不能和左宗棠接上线，自己和王有龄的关系便无以为继，靠自己的力量想收复杭州城简直是天方夜谭，怎么对得起王有龄呢？若是能够和左宗棠接轨，帮助左宗棠收复杭州，替王有龄完成遗愿，也算是尽了对义兄的一点儿心意。正是出于这样的想法，胡雪岩才义无反顾，情愿冒这样的风险。

然而就是因为这次冒险，胡雪岩获得了意想不到的机会。如果将胡雪岩的一生划分成两个阶段，王有龄自杀殉节之前，可以说是胡雪岩的上半生，而这次与左宗棠接轨，开始了他下半生新的起点。从此以后，胡雪岩不仅有了更多的事情可做，也结识了更多位高权重的人，走出了一条更辉煌的道路。

这一年，胡雪岩三十八岁。

[第八章]

大意留祸根

胡庆余堂大堂老照片，上挂“药局”横匾，足见其规模之宏大

经过对胡雪岩严格考察之后，左宗棠开始相信胡雪岩，并把许多重要的事情交给他去办。无论多么难办的事情，胡雪岩总能依靠以前各路朋友的帮忙，把事情顺利办妥，因此他越来越深得左宗棠的信任。

此时的胡雪岩，不仅又找到了一个大靠山，而且事事顺利。为了早日收复杭州，胡雪岩建议左宗棠购买洋枪洋炮，以此加强军队装备。但购买军火这笔款项实在太大，腐败的清廷一时拿不出这笔钱，于是左宗棠托胡雪岩向外国银行贷款。正是在向外国银行贷款时，胡雪岩百密一疏，种下了一个祸根，成为他最终失败的重要原因之一。

那么，精明能干的胡雪岩是怎样一步步经受住左宗棠的考验，获得信任的呢？在向外国银行贷款时，胡雪岩又种下了什么祸根呢？

胡雪岩的启示	一定要经过很严谨的考验，才可以完全相信一个人。

打仗的时候，如果士兵吃不饱，战马没草料，哪里会有战斗力？只能是不战自败。所以，粮草军需是战争中最要紧的事情。左宗棠怎么敢把这么重要的事情交给胡雪岩呢？难道他对胡雪岩真的是“疑人不用，用人不疑”？如果是这样解释的话，那实在太危险了。

一般人对“疑人不用，用人不疑”的解释，往往都是说你既然要用这个人，就应该完全地相信他，否则就不要用他。但是事情不是那么简单的。“疑人不用，用人不疑”是结果，而不是过程。在用人之前，一定要经过很严谨的考验，才可以相信一个人。

棋盘上的考验

中国人要考验一个人的人品，透过三样事情就可以摸得一清二楚。以前女儿要嫁人，老丈人怎么考验准女婿？第一个，喝酒。把他叫到家里来，跟他喝酒，酒后自然就会吐真言。第二个，打麻将。没上麻将桌之前，谁都会讲钱财乃是身外之物，输赢无所谓，但是手一摸牌，脸色就变了，两圈不开和就急眼了，你就知道这个人是根本经不起考验的。第三个就是下棋。看他怎么下棋，就能知道这个人的涵养有多高。左宗棠喜欢下棋，他有事没事就把胡雪岩叫来下象棋。

胡雪岩象棋下得非常好，可以不用棋盘，直接下“盲棋”。能够达到这样的水平，除了需要超强的记忆力，棋艺也是可想而知的。

一个人下棋，只知道输或者只知道赢，都是没有智慧的表现。总是输，没有人愿意跟他下，因为跟一个“臭棋篓子”下棋根本没有乐趣可言，对自己的棋艺也毫无提高；总是赢，也不会有人跟他下。有时说某个人棋艺高超，没有敌手，没有敌手换种解释就是找不到和他下棋的人。中国人一句话可以有好多种解释，就看你怎么去理解。

跟左宗棠下棋，胡雪岩怎么办？他如果总是故意输给左宗棠，左宗棠也不会有兴趣和他下：连棋都下不好，你胡雪岩还能做什么？但是如果总是赢左宗棠，当然也不合适，因为换成谁，脸上也会挂不住的。

胡雪岩跟左宗棠下棋的时候，从来都是执黑子，一定把红子让给左宗棠，胡雪岩这么做就表明了他对左宗棠的尊重，这也是一种基本的礼节。开局以后，胡雪岩总是先紧后松：刚开始寸步不让，步步紧逼；但到了将要分出胜负的关键时刻，他一下子就将步子慢了下来。这样左宗棠心里就知道：你的棋艺很高，但是给我面子，当然就很高兴了。

有一次，二人摆好棋子还未开局，左宗棠突然吩咐士兵取来钉子，将自己的红“帅”钉死在棋盘上，然后问胡雪岩：“你知道我是何用意吗？”胡雪岩欠身说不知道。左宗棠笑着说：“你知道，你是不说。没关系，说来听听。”

胡雪岩这才说：“您恐怕是在拿棋局说战事，棋盘就是战场，这个老帅现在就是杭州城，它固定不动，只要扫清四周，收复杭州城就指日可待了。”

胡雪岩的启示	得到机会以后，须更加小心谨慎，因为往后的路更难走。

左宗棠听了很高兴：“好，只要你能让我的老帅动一下地方，我就算你赢。”

什么是真聪明？就是明明聪明，反而装成不聪明的样子。愚笨的人没有人喜欢，但是处处表现自己聪明的人，同样不会有人欣赏。像胡雪岩这样明明聪明，但是从不随意外露的人，才是真正的聪明人。

左宗棠从这些方面慢慢感觉到，胡雪岩下棋时表现这么好，做起事来也应该会考虑得很周全，于是就更加信任他，慢慢把越来越多的事情交给他去做。

巧办粮草

胡雪岩一直坚信，除了自己努力之外，还要有贵人相助才能成功。他把人人都看不上的落魄小子王有龄当作贵人，终于引出了真正的大贵人——左宗棠。

能不能因此就说胡雪岩很幸运呢？我们说，胡雪岩一方面确实是越来越幸运，但另一方面他也是越来越接近危险。之前胡雪岩跟王有龄交往，除了在公开的场合做做样子，私下的时候都是平起平坐的。因为他们既是好友又是兄弟，两个人即便意见相左，了不起拍桌子骂一骂就算了。但他跟左宗棠在一起，却绝非这么简单。左宗棠跟王有龄毕竟是不同级别的人，胡雪岩跟左宗棠也没有像与王有龄那样的关系基础，所以胡雪岩见到左宗棠，都是乖乖站在一旁，恭恭敬敬地小心应对，否则随时可能会有性命之忧。一个人得到机会以后，需要更加小心谨慎，因为往后的路更难走。

能够跟不同级别的人相处得好，这是很不容易的。当年跟王有龄在一起的时候，胡雪岩可以直接出力出钱，帮助王有龄步步高升，自己的生意也随之越做越大。现在跟左宗棠在一起，以前那样就行不通了。因为左宗棠志大言大，从来不把钱财看在眼里。胡雪岩十分清楚，左宗棠这个靠山确实很大，但他只是无形的力量，不会提供任何实质的东西，要想长期地合作下去，必须要将他交办的事情做好才行。而要做好这些，当然离不开以前那些朋友的帮忙。很多人有了新的靠山，就忘记了以前的旧友，而胡雪岩却始终都没有忘记曾经帮助过自己的人，这正是胡雪岩的智慧所在。

领到为左宗棠置办粮草的任务，胡雪岩第一个就想到要去见漕帮的魏老爷子和尤五。一方面购置粮草离不开他们的帮忙，另一方面有了新的靠山，更需要加强与老朋友的联系，这样别人才会觉得他有情有义，不忘旧友。

胡雪岩如果空手而去的话，即便没有仗势压人的想法也可能被人误解；礼物轻了，会让人感觉是轻视，反而会失掉朋友，与不送礼物没有区别。所以胡雪岩就精心挑选了一件很贵重的龙像，前往拜会魏老爷子和尤五。

寒暄之后，胡雪岩将雕像拿出来，说道："何为老大？龙头也。这样的东西一般人是配不上的，但是您是漕帮的龙头老大，自然当之无愧！"

一听这话，魏老爷子非常高兴："胡先生现在有了左大人这样的大靠山，却还没有把我们这些人忘记，真是讲义气，够朋友。以后有什么用得着漕帮的地方，定当尽力。"

胡雪岩要的就是这句话，但是也不好直接就说要找人家帮忙，他面有难色地说："这次的确是有事相求……"

魏老爷子心直口快："求？说求就远了，有什么事情尽管直说！"

胡雪岩这才说出了自己的难处："现在左大人长驱直入，收复杭州指日可待，只是军中急需粮草，所以还需要仰仗漕帮帮忙筹备军粮。"

胡雪岩的启示	请别人帮忙，就要站在对方的立场来考虑问题。

魏老爷子拍拍胸脯说："此事简单，漕帮与粮商素有来往，我们自己手中也有囤积的粮米，不成问题。"

经由胡雪岩的一番运筹，在魏老爷子等漕帮朋友的鼎力协助之下，左宗棠交给他的第一项任务很快就顺利完成了。

左宗棠第一次要胡雪岩购买粮草马料是给现银的，但是往后就开始欠钱赊账了。一来是因为清廷国库空虚，光是战败赔款一项已是捉襟见肘了，没有多余的财力顾及内患。二来是左宗棠心里认为：这并非是我左宗棠欠你胡雪岩的银子，要说欠也是朝廷欠的账。但是现在军情紧急，你先把所需要的粮草马料运来，到时朝廷有了钱自然会还给你的。所以说，左宗棠不是故意要欠胡雪岩的银子，也是因为形势所迫。

不过钱是一翻两瞪眼的事情，胡雪岩的钱庄生意本身也需要资金周转，所以单凭他自己的财力很难满足左宗棠的需要。但是胡雪岩的脑筋转得就是快，他利用与漕帮的关系，将左宗棠赊购的粮草都转嫁到了粮商的身上。他对尤五说："咱们漕帮跟这些粮商有关系，出面帮忙先借粮草送给左宗棠，等官银一到，马上就还上。"漕帮一出面，很多粮商自动就把粮运来了。因为漕帮和粮商之间是有利害关系的，现在如果不帮忙，将来又怎么请漕帮运粮呢？

当然，如果胡雪岩只是空口说白话，尤五也不会答应。前面说过，战乱期间米价是不断上涨的，如果按照胡雪岩借粮时的价格归还银子，那漕帮和粮商岂不是赔本赚吆喝。所以胡雪岩还是按照以前的老规矩，没等尤五开口他就说："我替你想过了，你现在借我粮米，至于按照什么价格归还银子，全由你说了算。你觉得什么时候价格最合适，开个价钱，到时候就按照那时的价格结账便是。"尤五一听，当然就没有话讲了。一个人要请人家帮忙，千万记住胡雪岩的做法，要多站在对方的立场上来考虑问题，而不是拼命替自己打算盘。

贷款购军火

有一次，左宗棠和胡雪岩下象棋的时候，有人来报告说某营将官请洋枪队相助，初战告捷，特送来军功簿请功。

左宗棠一听，当时就翻脸了："请洋人打仗，无异于引狼入室，你们还好意思来请功？"

胡雪岩心里却在想：既然李鸿章可以请外国人来打仗，左宗棠为什么不能呢？于是，他向左宗棠说起了自己的想法：何不学李鸿章那样，也建立一支自己的洋枪队？

当然，我们也可以怀疑胡雪岩在打自己的小算盘，认为左宗棠如果答应组建洋枪队，一定会找他购买洋枪洋炮，这样就可以借机从中赚上一笔。即便当时胡雪岩有这样的想法，但这最起码能够公私兼顾，而不是完全只考虑他自己的利益。

左宗棠听了脸色一沉，更加不高兴了，一脚将桌上的棋盘踢翻在地。照理说胡雪岩应该吓得不敢再讲才对，难得的是，在关键时刻他敢于坚持自己的意见，仍然建议左宗棠再考虑考虑。这种勇气不是一般人能有的。

左宗棠并未回答，而是挥手叫所有人都退下。胡雪岩明白，自己的话左宗棠是听进去了，他已经在考虑这件事情了。左宗棠没有想到胡雪岩竟然如此坚持，从过往他对胡雪岩的了解来看，胡雪岩一定认为是这样做很有道理才会大胆坚持的。但左宗棠毕竟是大帅，不可能当场就说好好好，我听你的。那还像什么样子？

第二天，左宗棠又派人把胡雪岩找来，对他说道："昨天你说那些话，不无张狂之嫌，以后不可如此。"然后语气一转说，"但是你的意见不错，既然李鸿章能够购买洋枪洋炮组建常胜军，那我们不妨也组建一支常捷军。”

要建常捷军，就要购买枪支弹药，所需的经费更加庞大，所以胡雪岩只有动脑筋向外国银行贷款。但是，要向外国银行贷款，就一定要通过当时专门负责洋务和主持与外国来往的李鸿章。于是，左宗棠给李鸿章写了封信，交给胡雪岩，让他拿着信去找李鸿章帮忙。当然左宗棠也不是完全让胡雪岩一个人去闯，他同时还派了亲信王德榜与胡雪岩一同前往。

胡雪岩和王德榜到了上海，一连几次拜访，却都没能见到李鸿章。这是为什么呢？我们知道，李鸿章和左宗棠同为清廷重臣，但是因为政见不同，一直是面和心不和，虽然左宗棠没有要跟李鸿章争个高下的想法，但李鸿章心里一百个不愿帮这个忙，但是碍于情面又不好直接拒绝，所以便躲了起来，推托有事在身，不见胡雪岩。

躲起来不见面是中国人常用的方法，既然不好直言拒绝，躲起来让对方找不到，自然是个好办法。即便将来被人家找到了，还可以假装不知情，埋怨一番：你怎么早不来找我，你要是早来找我，事情早就解决了。虽然这些都是老招数，但还是很管用的。从这件事上，我们不难体会到，左宗棠的胸襟还是比较宽阔的，而李鸿章却是心胸狭窄，这也难怪人们对李鸿章的评价会不如左宗棠了。

后来，胡雪岩费尽周折，总算见到了李鸿章，递上左宗棠的手书之后，李鸿章依然是爱理不理的样子。我们中国人说见面三分情，因为人在人情在，如果左宗棠亲自来见李鸿章，李鸿章也不能摆什么架子，两个人一说就算数了。现在李鸿章只见到一封书信，又是一个商人送来的，当然不以为意。所以他当面就给胡雪岩一个难堪：“左大人怎么会把国家的事情交给一个商人来办呢？”言外之意是说打仗是官员的事情，你只是个商人，干预这种国家大事干什么呢？

面对责难，胡雪岩毫不畏惧，回答得委婉而得体：“国家之利与

胡雪岩的启示	钱只是做事情的工具，而不是生活的目的。

商人之利相得益彰。”

李鸿章是这种态度，更别指望他的部属会帮忙，所以最后胡雪岩完全是用自己的方式，找朋友帮忙，才向汇丰银行贷到了第一笔贷款——五十万两银子。

胡雪岩拿到了这笔巨款之后，郑重其事地把五十万两的银票放在一张擦得干干净净的桌子上，然后恭恭敬敬地跪倒在桌前。胡雪岩喜欢讲一句话：口袋里要装个金算盘，但是不能把钱当作性命。他说钱拿到手要先看它烫不烫，如果觉得烫手，这钱就是不义之财，是不该要的。有的人一定觉得很奇怪，钞票就是钞票，哪里有什么烫手不烫手？这其实就是自己的感觉，凭的是良心。我们只拿应该拿的钱，绝对不能动歪脑筋去拿不该拿的钱。胡雪岩一向认为，钱只是做事情的工具，而不是生活的目的。有了钱才能做事，所以赚钱很重要，但是该花时一定要舍得花。

胡雪岩一直讲，千万不要因为钱而得罪了朋友，那是最不值的。钱丢了可以再赚，朋友失掉了却永远没有办法恢复。可见，他虽然是个商人，却并没有把钱看作是最重要的东西。这句话说起来简单，但实际做到却并不容易。现在很多人把钱当成生活的目的，把自己完全变成了金钱的奴隶。所以说胡雪岩有很多观念，直到现在还是很值得我们去体会和借鉴的。

一个不把金钱当作性命的人，为什么会对银票下跪呢？原因很简单，他跪下来，是在向老天表明心迹：这是替左大人购买军火的钱，既然借来不易，就不能随便用它，一定要用在正当的方面，一定要把事情做好。这是胡雪岩对自己的一种警醒，一种鞭策，是在告诫自己要格外小心，要把钱用得恰到好处，这样才不会辜负左宗棠的信任。很多人在没有钱的时候，头脑很清楚，可是一旦有了钱，就犯糊涂了。可见金钱对人而言，是很难过的一关。胡雪岩恳请上天明鉴作证，自己绝不乱用一文钱。

胡雪岩贷到银子的消息，很快就传到了李鸿章耳朵里，他感慨地说："左公用人，决不容无用之徒。"可见胡雪岩在没有李鸿章帮忙的情况下能够贷到款，是一件非常不容易的事情。李鸿章见事已至此，就吩咐部下协助胡雪岩购买洋枪洋炮，帮忙把常捷军建起来。部下听了以后十分不解：开始时避而不见，百般阻挠，为何现在又要出手相助呢？李鸿章对部下说：胡雪岩没有办法的时候，我们不能帮他的忙，帮他的忙就等于给自己捣蛋。胡雪岩现在款已经贷到，再不帮他的忙，传出去就是我们有意阻碍。事情既然已成定局，不可能再去出面阻止英国银行放款，那样毕竟有失大国的体面，只会被外国人看笑话，况且左宗棠势力日强，倒不如成其好事，也就是做个顺水人情而已。

自种祸根

左宗棠把筹办粮食马料的事情交给胡雪岩办理，胡雪岩不打折扣，样样都做得很好，但是，购买军火的事情却是一般人不敢做的。胡雪岩经商多年，精明自不必说，经过与英国人的周旋，将贷款的利息杀至四厘，声称多了不贷。但是他跟朝廷上报的利息是一分三厘，中间灌水九厘，差价与经手的英国人平分，双方各获利四厘五。有这样的好处，英国人当然不会反对。然而正是在这五十万两银子利息上所做的手脚，成了胡雪岩最后败落的重要原因。

一个人如果一辈子没有出息，做这样的事情也无所谓。可是，如果想做大事，就千万要记住，你是没有资格犯错的。因为没有前途的人，做什么别人不会在乎，可是如果认为自己要做大事，就要加倍谨慎小心，否则任何一点儿差错都可能会变成把柄，一旦被对手抓住，

胡雪岩的启示

只要没有污点，就不怕人家打击。

处逆境容易，因为小心；处顺境很难，难免大意。

就会被置于死地。

胡雪岩赚取利息对不对？如果他只是赚取民间的这种差额不会致命，但他赚的是朝廷的差额，这就注定将来必是死路一条。慈禧太后会想：别人的钱你怎么赚都可以，我的钱你也敢赚？就是这么一念之差，后来胡雪岩想到这件事情很麻烦，但是他怎么讲？他说我问心无愧，因为阜康钱庄要发展自己的业务，我也不能老是垫钱，所以当初才会动这个脑筋。话虽没错，但是很难有人会接受。赚私人的钱，可以！在商言商，该赚就赚好了。赚政府的钱，小心！任何人动歪脑筋，赚政府的钱，迟早会出问题。这一点从古至今都是一样。

胡雪岩一路谨慎，一生的遗憾就在这一件事情上。这种事情后悔有用吗？他说赔，谁要他赔？这样的把柄注定是甩不掉的。我们想想看，如果胡雪岩不在利息上灌水，不从中谋私利，后面别人再怎么打击他也都无所谓。人只要没有污点，就不怕被别人打击。可是有了污点，那又能怪谁呢？只能怪自己。胡雪岩尽心尽力为政府做事，最后自己却栽了个大跟头，这样的结果固然值得同情，但可怜之人，必有可恶之处。完全没有可恶之处的人，不会把自己搞得那么可怜。所以，胡雪岩即便有自己的理由，但是别人不接受，他依然是百口莫辩，只能是自作自受。

胡雪岩当初会在利息上面灌水，也是经过深思熟虑的，他认为自己考虑得十分周全，应该万无一失。这不禁让我们回想起王有龄讲的那句话：一个人太顺了，就要特别小心。一个人处逆境时还比较容易，处顺境时却很难。因为处于逆境，自己知道要小心谨慎，而在顺境的时候，却难免大意，即便自认为已经十分警惕，往往都还是不够的。

我们身为中国人，应该感到很荣幸，因为我们祖先把很多深刻的教训都归纳成很精练的语言，像大意失荆州、阴沟能翻船这样的俗语典故，言简意赅，却能让人警醒。胡雪岩一心一意要帮助左宗棠，这点毋庸置疑。左宗棠阅人无数，他当然也知道胡雪岩的缺失之处，所以常常对胡雪岩讲：你即使不为功名，也要多多读书才是。可惜胡雪岩始终没有听懂这句话，他认为自己尽心尽力工作，根本没有时间去读书。胡雪岩的成败不是别人在决定，更不是老天说了算的，当然也不能埋怨左宗棠，一切的一切都是他自己在决定，最后也只能是他自己来承受，这就是自作自受。

【第九章】为富要仁

胡庆余堂内景

为了早日收复杭州，胡雪岩不仅自己垫钱帮左宗棠购买粮草，而且还向外国银行贷款，为左宗棠的军队购买洋枪洋炮。左宗棠的湘军本来就英勇善战，再配上良好的武器，杭州城很快就收复了。杭州的收复，意味着胡雪岩不仅能收回投入的全部资金，而且还能赚上一大笔钱。胡雪岩终于回到家中，但母亲和妻子知道他有了这么多的钱，却没有像他想象得那样高兴，这是为什么呢？

经历了战乱的杭州城满目疮痍，百废待兴，这一切对于一个商人来说，正是发财的好时机，而胡雪岩却自掏腰包，为所有在战乱中死亡的人义葬，为全城百姓施米施粥赈灾，大搞祭祀活动，安息亡灵。杭州城的百姓感激地称胡雪岩为“胡大先生”“胡大善人”。但胡雪岩毕竟是一个商人，他所做的这一切，除了积德行善之外，是不是还有什么别的目的呢？

胡雪岩出钱出力，为左宗棠置办粮草，购买枪支，协助建立起了常捷军，可以说，他是将自己的大半身家都压在了收复杭州这一役上，所以他对战况十分关注。因为万一左宗棠不能收复杭州，他的投入就会血本无归。

做该做的事

收复杭州的战役终于打响了，胡雪岩按捺不住紧张的心情，跑去左宗棠的大营打探情况。进去一看，左宗棠居然还在那里跟部将下棋，胡雪岩不禁纳闷儿：这样的紧要关头，身为统帅，左大人怎么还有心思下棋呢？他心里虽然觉得奇怪，但是嘴上却不敢问。胡雪岩这样做，才是一个有修养、有城府的人。如果他开口就问，左宗棠一定不会有好脸色：你胡雪岩算老几，竟然对我指手画脚？

中国人的修养，外国人很多是看不懂的，所以他们总认为中国人不诚实，心口不一。胡雪岩虽然不便直接去问左宗棠，但是可以通过神情和动作表现出心中的疑惑和焦虑，左宗棠一看，自然就知道他十分关心战局，如果愿意告诉他原因，自然会对他讲；如果左宗棠不想说，也不会显得胡

胡雪岩的启示	一个人要跟比自己高明的人在一起，才会有所获。

雪岩冒昧唐突。所以胡雪岩只是站在旁边，一言不发。

左宗棠是何等聪明之人，当然看出了胡雪岩的心思，就笑着问他："你觉得外面战况激烈，我不应该坐这里下象棋，对不对？"胡雪岩当然回答说没有。但左宗棠知道他就是这么想的，所以又问："你觉得我应该怎样？"胡雪岩就更不敢说话了，只能一直说没有。

"没有？没有你站在这里干吗？"左宗棠早就看出了胡雪岩的意思，他站起身，放下手中的棋子，告诉胡雪岩："冲锋陷阵是士兵的事情，如果到了连统帅也要上阵迎敌的地步，那岂不是要全军覆没了？我在这里下象棋，是在等前方将士得胜的消息。等到杭州攻下，我穿上朝服，宣慰将士，这些才是统帅该做的事情……"

胡雪岩这才明白了左宗棠的用意，越加佩服眼前这位湖南人。

胡雪岩同左宗棠相比还是有差距的，幸好他是个机灵的人，知道如何应对，所以很少闯祸，并且从左宗棠身上学到了很多东西。左宗棠的大将风度深深影响了胡雪岩，使原本精明的胡雪岩又增加了几分沉着和大度。

一个人要跟比自己高明的人在一起，才会有所收获，有所长进。现在很多年轻人，总觉得年龄相仿才比较谈得来，不大喜欢跟年纪大的人一起交流，甚至拿代沟来作为理由，这是非常不好的现象。一个不懂事的人，再加上一个不懂事的人，又来一个不懂事的人，三个加起来还是不懂事，甚至是更加不懂事，又怎么会有长进呢？

说妥当的话

左宗棠的湘军本来就英勇善战，再配上良好的武器，杭州城很快就收复了。得知这个消息，最高兴的就是胡雪岩，一直悬在他心里的巨石终于落地了。杭州大捷，对胡雪岩来说是非常重大的一道关卡。

他不仅能收回成本，而且还能赚不少钱，更重要的是，他与左宗棠建立了良好的合作关系。

这一年胡雪岩三十九岁。中国人常说，男人的年龄逢“九”难过关，胡雪岩过了这一关后，一直到他五十三岁，可以说是一帆风顺，飞黄腾达。就是从攻克杭州之后，胡雪岩进入了他事业的高峰期。

杭州大捷，左宗棠亲自进入杭州，接受各界的欢迎。这个时候的胡雪岩在做什么？他进城的第一件事就是马上回家看望母亲和妻子。

胡雪岩十三岁离开绩溪，他的母亲金太夫人和三个兄弟仍然留在家乡耕地过活。后来胡雪岩回乡成亲，所娶的妻子陆氏也是绩溪人，十分贤慧。直到他二十七岁那一年，于老板把阜康钱庄的全部财产赠送给他，胡雪岩才把母亲和妻子接到了杭州。

杭州被困期间，胡雪岩在外奔波，一家老小在杭州城里受苦受难，虽然家人也知道胡雪岩是身不由己，但是要紧的时候不在身边，家人心里不免有些埋怨。所以，胡雪岩回到家，母亲金太夫人悲喜交集，责骂他如此不孝，在最需要他的时候不知道跑到哪里去了。

面对母亲的埋怨，胡雪岩怎么办？如果他对母亲说，你们在家里难过，难道我在外面就舒服吗？虽然这是事实，但这样一来就不太近人情了；如果他对母亲说，您老人家不要生气，我在外面赚了很多钱，以后让你们过好日子，应该可以补偿了吧？母亲就会想：一家人连命都差点儿没有了，还会稀罕你的钱吗？

胡雪岩实在不简单，这些话他都没有说。他蹲在母亲面前，只讲一句话：“娘，你看我是不是老了？”一语方出，母亲马上破涕为笑：“你这个孩子呀……”

一句“你这个孩子呀”，一切都原谅了。人性就是这么可爱！有时候讲什么话，倒不如那么一句俏皮话，很轻松地就把气氛调和了。

胡雪岩对自己的兴奋之情毫不掩饰，他告诉母亲：“我发财了，

胡雪岩的启示	钱不够时很紧张，多了很麻烦，刚刚好最愉快。

我终于发财了！”金太夫人听了非但没有高兴，反而忧虑起来：“儿子，你怎么会一下赚这么多钱呢？你赚的是什么钱啊？”金太夫人这一点很了不起，儿子当老板发了财，她不是只管锦衣玉食的享受，反而经常祷告上天，不断提醒儿子不要走上歪路。

担心胡雪岩的还有他的妻子陆氏。她是最不希望胡雪岩太过富有的人，陆氏当初嫁给胡雪岩，就是因为他家里穷。因为她相信嫁给穷人，虽然日子辛苦一点儿，但家庭会比较和谐美满。一旦富贵了，男人就难免要有三妻四妾，与此相比，陆氏宁愿选择过苦日子。

可陆氏担心的事情还是发生了。随着生意愈做愈大，胡雪岩渐渐妻妾成群。但是话讲回来，胡雪岩一生都没有同陆氏离婚，再怎么样还是尊重原娶正室。后来有人问胡雪岩，你为什么要娶那么多姨太太？他也很坦白：“我不是有钱以后才想讨这么多姨太太的，我当跑街的时候就很羡慕人家有三妻四妾……”可见，他有这样的想法，与当时的社会风气是分不开的。其实我们也不必用现在的眼光审度他当时的做法是否正确，如果胡雪岩生在现代社会，他也会尊重现在的社会习俗，不会有那么多的念头。

胡雪岩理解母亲和妻子的担心，但他心里认为，只要重情重义，只要不昧良心，只要不出卖朋友，只要一切照规矩来，有钱赚没有什么不好，多赚些钱也没有什么不对。胡雪岩的这种观念，确实没有什么不对。有很多人，要么羡慕有钱人，要么仇视有钱人，那都是不正常的心态。对待金钱，平常心最好，三句话就讲完了：不够时很紧张；多了很麻烦；刚刚好最愉快。中国人讲知足常乐，是有很深哲理的。

战后三件事

战后的杭州城，满目疮痍，百废待兴。胡雪岩安排妥当家人，马上去见左宗棠，主动提出要做三件事情。

第一件，举行义葬。杭州一役，胡雪岩眼见官兵、民众和太平军死伤众多，尸横遍野。如果不及时埋葬，一来人心不安，二来也会造成瘟疫。所以他请求左宗棠准许，不管死者何人，一律由他出钱义葬。左宗棠听了大加赞赏，欣然同意。

但是，义葬刚刚开始，就有人向左宗棠报告，说胡家与太平军素有瓜葛，杭州城被困期间，胡雪岩的家人就是因为得到太平军的周济才得以活命的，而胡雪岩表面上说是要义葬，其实是要安葬太平军的首领。左宗棠听后一笑置之：打仗时候是各为其主，死了以后不管是谁，都应该好好埋葬。况且那些说法都是空穴来风，不足为信。有了左宗棠的支持，义葬的事情才得以顺利进行。

第二件，招抚太平军余部。胡雪岩认为，如果对散落民间的太平军严格追查的话，难保不会再起骚乱，而且不少太平军身上有很多钱，如果招抚，还可以追缴一部分款项。所以他向左宗棠提出建议，出示布告，宣布凡是愿意出来自首的，罚款或是坐牢任选一条，过后便可既往不咎。左宗棠也清楚太平军大都是贫民百姓出身，因为朝廷腐败，民不聊生才会起事，现在太平军战败，如果网开一面，准许投降，总比逼他们走投无路，再起战事要好得多。所以他欣然采纳了胡雪岩的建议。

告示一出，太平军的散兵游勇就陆续来自首。好不容易结束战乱，谁愿意去坐牢呢，所以大都是情愿交罚款抵罪。官府收到的罚款怎么处理呢？自然存到胡雪岩的阜康钱庄。胡雪岩公私两便，尽量替公家做事情的同时，自己也得到了很多好处。

一个人出发点为公，然后对私人有所帮助，这叫公私两便，与营私舞弊是完全不同的。

当时有人以此事向朝廷参奏左宗棠，说他纵容洪匪。由于左宗棠

胡雪岩的启示	一个人，信誉是最重要的。

为人一向光明磊落，口碑很好，所以朝廷并没有追究。说到这里，我们不禁想到，一个人，信誉是最重要的。一个人有好的信誉，就算有人打小报告，有人投匿名信，大家都会往好的方面想；一个人信誉不好，稍有风吹草动，大家就会很自然地往歪的方面去考虑。

胡雪岩提出的第三件事，就是要赈济贫民。胡雪岩说，只有与官府齐心协力，我们生意人才有前途。左宗棠一听，觉得这更是好事一件。赈济灾民本该是由朝廷来做的事情，现在朝廷没有能力，胡雪岩愿意做，左宗棠当然乐观其成，称赞胡雪岩有良心，有眼光，也有见地。

得到左宗棠的首肯，胡雪岩在杭州城各处开设粥场，施米施粥，救济了大批无米下锅的杭州百姓。然而，却没想到，施米竟然惹出一条人命来。

剃眉风波

胡雪岩施米的消息不胫而走，杭州城的难民接踵而来，对胡雪岩的善举纷纷称道不已。前来领米的人先填报姓名、年龄、家中人口，然后凭发放的米票领米。但有少数人从中取巧，虚报人数，也有人天天来领，然后再拿去卖钱。领米的人越来越多，渐渐有些无法控制了。于是负责发放粮米的人就想出了一个办法：凡是领过米的人就要剃去眉毛，次日再来，一望便知。

有一位穷秀才，迫于生计也来排队领米。当他背着米回到家中后，被妻子一顿数落，说他毫无志气，为了一点儿米，连眉毛都可以剃掉，简直是白读了一肚子的圣贤书。秀才本来就觉得委屈，再加上妻子的冷嘲热讽，心里悔恨不已，一时想不开，竟上吊自尽了。

这个消息在街坊传开以后，马上引起了很大的民愤。百姓们认为，你给人家一点儿米，就把人家的眉毛剃掉了，完全不顾及穷人的尊严和感受。一时间群情激奋，很多人跑到阜康钱庄门前，要向胡雪岩讨个说法。

胡雪岩没想到自己好心施米会引起这样的骚动，他没有先去追究是谁出的主意，更没有推卸自己的责任，而是亲自站出来向众人作揖道歉：这件事情是我们的不对，米是我发的，有事我来承担。剃眉的做法确实不妥，马上停止。之后他又为每位被剃了眉的乡亲奉上十两银子，以表歉意，恳请大家原谅。胡雪岩的诚心诚意使得在场的百姓很受感动，觉得胡雪岩的确是无心所为，而且也有心改正，于是领了银子就散去了，剃眉风波这才平息了下来。

从胡雪岩这些举动，我们可以发现，他是一个说到做到的人，不像有些人，只是嘴巴上说得好听，等到要拿钱的时候就舍不得了。有钱人最怕就是为富不仁，胡雪岩一生十分舍得，懂得与人分享，所以杭州百姓都称他为“胡大先生”，还尊他为“活财神”，对他十分敬仰。

祭祀亡灵

在胡雪岩的鼎力相助下，杭州城慢慢安定下来。义葬之后，他见局势有所平稳，便要为那些死难者举行祭祀仪式。胡雪岩为什么要这样做呢？因为按照中国的传统习惯，人死之后不仅要入土为安，还要摆上供品，举行祭祀。

身为中国人应该了解，祭祀这种事情中国人做得最好。中国人是世界上唯一的这样一种人——我们把祖先永远背在肩膀上，不管走到哪里，永远跟祖先在一起。这是外国人做不到的，他们根本没有这种概念。

中国人凡是给死人做的事情，其实都是做给活人看的。中国人祭祀祖宗，是为了告诉活着的人，要慎终追远，不能忘本，是因为祖先一点一滴的努力才有我们的今天；中国人祭祀天地，是为了祈求风调雨顺，国泰民安。从这个角度去理解，我们就会明白，祭祀祖先跟迷信一点儿关系都没有。祭祀是一种教化而不是迷信。

中国人最有趣的事情，就是把死了的人叫作鬼。《说文解字》中讲：人所归为鬼。所以，鬼就是归的意思，并没有什么神秘。亲人死在外面，我们要去把亡魂召唤回来，因为我们不忍心让自己的亲人变成孤魂野鬼，所以讲“魂兮归来”。亡魂召回来后，还要在家里竖起牌位，由子孙供奉。

鬼魂到底是真是假，其实并不重要，相信就存在，不相信就不存在，重要的是从中得到教化。胡雪岩之所以要祭祀亡灵，是为了让死者安息，生者安心，从而平定民心，尽快恢复杭州城和谐稳定的社会环境。

既然讲到了“鬼”，就不能不提到“神”。《易经》里面几次讲到了神，但是中国人心中的神跟西方的神是不同的概念。《易经》里面有一句话讲得很清楚：阴阳不测之谓神。

宇宙之间，就是阴阳两股力量的互动，虽然看起来很单纯，但它却是变幻无穷的。凡是变化无穷，没有办法控制，又看不清楚，甚至看不懂的，就叫神。我们举个例子：一个人打篮球的时候，瞄准篮筐，然后出手就命中三分球，大家会说，准！但是如果一个人拿到球，根本不看篮筐在哪里，随手一扔就把球投进了，那我们都会说，神！

瞄得很准，那只是准，却不是神。可见神不一定准，但是投准了更神。从这个角度来分析，我们就知道，中国人所谓的神，就是令人琢磨不透的。

《孙子兵法》中有一句话：兵者，诡道也。很多人对此理解错误，所以产生很多观念的扭曲。“诡”，不是诡计多端，而是指变化，说得更清楚些，就是出其不意。中国人最讨厌鬼鬼祟祟，我们连打仗都是有规矩的，有本事明着来，打不过就认输。胡雪岩做任何事情都是变幻莫测的，让别人意料不到，但实际上他还是按规矩来的。

外国人打架是先拉好架势，然后脚下不断地跳来跳去，还没有开打就跳得没力气了。中国人从不这样，真正的高手，开战之前就会问对手："一会儿你想怎么倒地？是四脚朝天还是狗吃屎？我任由你选择。"而且双方谁都不会先出招，用眼睛你看我，我看你。看什么？看谁先动。先动的人重心不稳，这时顺势过去，一招制胜。其实会打架的人，根本不用自己的力气，借力使力，用对方的力量去打他自己。想要四脚朝天，就摔得他四脚朝天；喜欢狗吃屎，就让他吃个够。

我们还有更妙的一套，一看打不过，好汉不吃眼前亏，三十六计走为上，虚晃一招，然后拱手抱拳说后会有期，之后就一溜烟儿不见了。打不过人家为什么还要硬撑呢？很多人看不懂这些，说这个不对那个不对，其实真正看清楚了以后，就会知道我们的用意，才会不得不佩服我们中国人。

舍财赢美名

胡雪岩自掏腰包，为杭州的百姓做了那么多的善事，难道真的只是在单纯地积德行善吗？当然不是这么简单的。人没有十全十美的，我们不要对自己要求过高，也不能对别人要求太高。胡雪岩毕竟是一个商人，在商言商，他花钱做这些事情，其实也是在给自己做最实际的广告。

我们现在提到广告，总是想到平面广告、媒体广告等，但是搞这些东西，其实不见得好。中国人不太相信广告，往往更加注重口碑。因为广告可以作假，可以夸大，而口碑多半是很实在的。胡雪岩知道与其花钱去做广告，不如用实际的行动来让大家口耳相传，这样获得

胡雪岩的启示	花钱去做广告，不如用实际行动使大家口耳相传。

的良好口碑比广告更加有效。胡雪岩后来在杭州做什么事情都很顺利，就是因为百姓只要听到是胡大先生要做的事情，就没有人会怀疑，也都很乐意帮忙。

胡雪岩花钱赚口碑的做法是优是劣，大家可以自己去评判。但我们要清楚，人一定是会自私的，如果谁说自己完全不自私，那他一定是伪君子。只是在替自己考虑之前，一定要先替别人想想，这才是最关键的。

左宗棠在一旁对胡雪岩的所作所为看得十分清楚，而且非常支持，这也是碰到贵人才有的福分。如果左宗棠对他的举动不能体会，胡雪岩是根本做不下去的。有了左宗棠对胡雪岩的信任和理解，他们之间的合作逐渐有了一个更广阔的空间。

[第十章]

以智取胜

胡庆余堂店铺正门，黑漆石库大门，青石角叠门楼，门首刻有“庆余堂”镏金大匾，立牌竖两旁：庆余堂（雪记）拣选各省地道药材。门前有黄包车蹲点候客

胡雪岩只上过两年私塾，但他肯动脑筋，爱琢磨问题，能够触类旁通。他看到人们打太极拳，就领悟到借力使力的道理；他听说一个穷小子设法娶到了金店老板的女儿，竟从中总结出八个坛子七个盖的经营方式；最难能可贵的是，胡雪岩非常讲求诚信，这不仅让他赢得了老百姓的尊敬和爱戴，而且使他的钱庄和当铺的生意都越做越红火。

短短几年的时间，胡雪岩就积累了大量的财富，成了杭州城里有名的活财神。树大招风，有人看胡雪岩家大业大，心生妒忌，便动了歪心思，利用假古董来骗他的钱。对这样的小人，胡雪岩是怎么处理的呢？读书不多的胡雪岩，又为什么会有如此高的智慧呢？

胡雪岩的悟性很高，他的很多领悟都是来自于生活中耳闻目睹的小事。在别人看来不过是茶余饭后的谈资，可在他眼里，那些琐事中都蕴藏着大玄机。他善于用心琢磨其中的意思，然后运用于经商之上，应用于实践当中。我们要学习胡雪岩，除了研究他做人经商的方法策略以外，更重要的是要培养和提高自己的悟性，遇事多思量几遍。因为左思右想总会想出些名堂来，这样的收获才是自己的。

借力使力

外国人常说做事要讲究策略，其实就是我们中国人所说的“招数”，两者是一个意思。但是我们中国人说某个人招数很多的时候，常常会有两种说法：一种是说他很厉害，一种是说他很高明。说他厉害，其实并非好话，因为中国人不喜欢厉害的人，这种说法换而言之就是：你等着瞧吧，看你能厉害到什么时候。所以我们真正称赞一个人的时候，是说他很高明。手段厉害必然招惹别人的报复，招数高明才会博得众人的敬佩。胡雪岩就是一个很有招数，却不会让人觉得他很厉害的高明人。

胡雪岩听人说借力使力，刚开始并不懂得其中的深意。一天早上，他到西湖边散步，遇见有人在打太极拳，便驻足观看。看着看着，胡雪岩不禁入神了：一个瘦瘦小小的老者，居然能把一个人高马大的壮汉轻而易举地掀翻在地。胡雪岩马上想到这正是借力使力，借助对方的力量来打倒对方，想到这里，胡雪岩豁然开朗，把这个领悟巧妙地运用到了事业当中。

借力使力不一定要打倒对方，关键是要借助对方的力量达到自己的目标，王有龄就是他最早借到的力。他借助跟王有龄的关系，使自己的钱庄生意做得一帆风顺。市面上那么多钱庄，老百姓为什么单单选择阜康钱庄？就是因为阜康钱庄背后有王有龄支持，大家觉得很放心，自然就把钱存到这里来。后来胡雪岩有了左宗棠这个更大的靠山，他充分地支持和配合左宗棠，因为有了这个势，他可以做更大的事情。我们可以看到，胡雪岩发展所有的事业，都是借助这种看不见的势，然后不断扩张自己的生意，这就叫作借力使力，借风行船。

八个坛子七个盖　盖来盖去不穿帮

还有更有意思的事。有一次，胡雪岩在茶馆里面喝茶，听人说起有一个姓王的穷家小子，居然娶到了金店老板的千金，不禁觉得很纳闷儿。联姻讲究门当户对，但这两家的家境相差悬殊，怎么可能有这种事情呢？胡雪岩很聪明，虽然心里好奇，却什么也不问，这样对方自然继续讲了下去。

原来姓王的穷小子与金店老板的女儿早就两情相悦，但是他怕未来的老丈人嫌贫爱富，不同意二人的婚事，于是就想了一个办法。他每隔一段时间就到那家金店去买些金银首饰，而且每次都出手阔绰，从不讨价还价。这样一来二去，金店老板就开始关注他了，觉得他这个年轻人财大气粗，自然对他印象很好，后来就同意把女儿嫁给他了。可是一个穷小子，怎么可能有钱经常买那些贵重的东西呢？原因很简单，他先想办法凑了一笔钱，然后每次买了金银首饰以后，都是这边买了那边卖，再用卖首饰的钱去买新的，所以看起来好像十分有钱，其实只是在循环使用同一笔资金而已。

一般人听了这个故事，可能只是当作一件趣事，一笑而过罢了。但是胡雪岩却记到了心里，他想到自己做钱庄生意也正是这样——八个坛子七个盖，盖来盖去不穿帮就好了。

死脑筋的人会说，八个坛子用七个盖子怎么能盖得过来呢？但胡雪岩就有这个本事，他灵活地循环运用手中的资金，就像盖盖子一样，这笔钱用过来，那笔钱用过去，好像哪里都不缺钱，实际上只是灵活周转而已。

其实，这套方法现在也经常有人在用，很多企业家就是在这家银行贷了款，眼看快到期了，再向另外一家银行贷款去还，始终是借来借去，循环使用。有的企业一旦有一点儿小小的错失，就会导致资金周转不灵而整个破产，就是因为手里的钱不是自己的。

胡雪岩虽然在钱庄、生丝、粮食、军火等各项生意之间拆借使用资金，但是他跟别人不同，一方面他谨慎小心，运用合理；另一方面他不管对待大小客户，都是一视同仁，讲求诚信，从不蒙骗赖账，这一点非常重要。因为他自己知道，如果不讲诚信，即便使用这些所谓的策略一时赚到了钱，最后只会导致更惨重的失败。

开设当铺

杭州收复以后，跟随左宗棠转战江浙的士兵手中多多少少都积攒下一些银两，这些钱行军打仗带在身上很不方便，他们听说阜康钱庄信用很好，便都来存款。其中有一名湖南的士兵对阜康钱庄十分信任，存款之后连存折都没有拿，他觉得存折拿在身上，如果丢了也是个麻烦，自己既然敢将银子存在这里，就是听说胡大先生和阜康钱庄有信用，所以干脆请钱庄连存折也一起替他保管。胡雪岩得知此事后，亲自对这位士兵说："承蒙你看得起小号，你的存折我们一定替你好好保管，你放心便是。"

一年之后，这名士兵不幸阵亡，他的同乡找到阜康钱庄，说同伴临终的时候嘱托，要把他在阜康钱庄的存银寄回老家，以供家用。胡雪岩听后二话不说，吩咐柜上把所有账目翻出来，连本带息算得清清楚楚。胡雪岩又当面问这名士兵："是你们替他带着，还是由钱庄负责送回老家？"士兵说他们拿着也不方便，希望能由钱庄负责送回。胡雪岩立刻答应，并安排人马上办理，把存银如数奉还给那个士兵的家人。

如此一来，阜康钱庄守信用的消息就传开了，所有人都听说把银子存在阜康钱庄不但保险，连存折都可以不用拿，到时候钱庄都会算得清清楚楚，不差毫厘，因此都抢着去存钱。于是，到阜康钱庄存款的人更是络绎不绝。

阜康钱庄收到的存款越来越多，于是有干部跟胡雪岩建议，要把这些收来的款项想办法放贷出去。这种想法很正常，因为钱庄就是靠存放款之间的差额盈利的。但是胡雪岩却不同意，他告诉干部，只存款，不放款！

干部听了十分不解：收了存款要付给储户利息，不放款就赚不到钱，就这么往里面贴钱，还怎么能经营下去呢？

胡雪岩有自己的看法：大家都这样做生意，那这生意还有什么好做的？而且现在兵荒马乱，放贷的风险非常大，放出去的钱一旦收不回来就是死账，本息无归岂不更糟糕？

干部听了也觉得有道理，但是却更加迷惑了：那我们怎么办，总不能没有收入，只是这样白白地付利息吧？

胡雪岩停顿了片刻，终于说出自己的想法：开当铺！俗话说，钱庄是有钱人的当铺，当铺是没钱人的银行。世道不太平，有钱人把钱放在手里不安全，自然要将钱存入钱庄，而没钱的人想维持生计，就要动脑筋做点儿小生意，去当铺典当点儿本钱，这对他们也是条出路。

胡雪岩认为，有钱的人在钱庄借贷，典当的是自己的信用；没有钱的人在当铺典当，抵押的是自己的物品，二者都是客户，并无什么区别。所以他一再嘱咐柜上，对前来典当的穷人该当多少钱就给多少钱，坚决不许克扣杀价，更不能趁人之危，赚取不义之财。

以恶制恶

眼见胡雪岩的钱庄和当铺的生意越来越红火，于是就开始有人动起了歪脑筋。有一天，当铺里来了一个人，刚刚进门就神气活现地叫道："哎，叫你们主事的出来，我有件宝贝要寄存在你们这里。这可是件商朝的古董，你们肯定没有见识过。"他这一套就叫先声夺人，上来先给对方一个下马威，让对方心虚，以后自然就不敢讨价还价了。

当铺主事的人上前拿过来一看，确实没有见过这样的东西，于是就问他要当多少钱。来人说最少三百两，少了不当。主事的有些犹豫不定，这东西虽然看着有些像商朝古董，但毕竟不是常见的物件，恐怕当不了三百两银子。

来人一听更有底气了："那叫你们老板出来，你根本没有眼光。你们不要，有的是人等着要。我是听说你们当铺信用好又识货才来的，现在看来，恐怕也是徒有虚名。”

主事的想到胡雪岩信誉为重的嘱咐，再加上被连蒙带诈，就真的付了三百两银子。那人拿上银子，出门之前他还捡了便宜卖乖，说今天是因为急用才当得这么少，否则一千两都不舍得当。然后一脸不情愿地扬长而去。

主事的后来越想越觉得不对劲，便又请来很多行家里手帮忙鉴定。众人看完之后一致认为这件东西是赝品，根本不是什么古董，更不值三百两银子。主事的十分后悔，因为三百两银子毕竟不是小数目，所以他赶紧去找胡雪岩汇报，说自己看走了眼，白白被骗去了三百两银子，请求责罚。

胡雪岩听后并没有责怪这位主事，他一面安慰主事，一面吩咐人安排十桌酒宴，说有一件商朝的稀世古董，请当地名流士绅第二天前来观赏。主事的一听更加不明白了，瞪着眼睛问胡雪岩：“我们既然被骗了，为何还要再骗别人，这样岂不是没有良心？”胡雪岩板着脸说：“你跟了我这么久，还不知道我的为人吗？我会做这种事吗？”吓得主事的不敢再问，只好照吩咐赶忙准备去了。

第二天，受邀的各位名流士绅如约而来。酒过三巡，菜过五味，胡雪岩吩咐旁边伺候着的徒弟去把二楼的“古董”拿下来，让大家共同鉴赏一番。徒弟连忙一路小跑上楼去拿，众人听闻纷纷离席起坐，聚在楼梯口翘首等待。不想小徒弟下楼的时候脚下一滑，连人带“古董”一起跌落在地，众目睽睽之下，“古董”被摔了个粉碎。在场的人见此情景，不禁大为惋惜，这么珍贵的古董，为了给大家欣赏居然摔破了，真是太可惜了。胡雪岩却拱手道歉：“东西摔碎了没有关系，只是害得大家不能好好欣赏，实在是非常抱歉，还请各位多多见谅才是。”说完之后，胡雪岩又招呼大家重新落座，继续喝酒。

消息没腿却跑得最快，在场的人回去以后无不惋惜地跟周围的人

胡雪岩的启示	中国人的高明之处，在于我们不是去解决问题，而是想办法把问题化解掉。

谈起此事，结果没有几天，此事就传到了骗当人的耳中。他得知这个消息后兴奋异常，心想上次的三百两银子赚得轻而易举，这才几天的工夫，没成想更大的发财机会居然又自己找上门来了。于是，他拿上三百两银子，迫不及待地奔到当铺，一进门便叫道："我赎我的古董来了。"说着将银子放到柜上。

胡雪岩坐在柜台里面，不动声色地说："你终于来了，伙计们，先看看他的银子是真是假，不要连银子都是假的！"骗当的人一听此话心里就有些发毛了，但还是强作镇定，装成没事一般。

验过银子无误之后，胡雪岩吩咐道："去！把'古董'拿来还给这位先生，一定要小心，不要摔碎了！"

那个人一听，脸色吓得煞白，战战兢兢地不断重复道："怎么会这样？不是摔碎了吗？怎么会这样……"

胡雪岩冷笑着说："你有假的，我就没有假的吗？你这个假，我摔碎的那个比你这个还假。我给你个机会，这次就不追究你了，但以后你要好自为之，不能再做这样昧良心的事情，否则定要将你拿去见官。"那个人听了之后，一句话都没敢说，灰溜溜地跑掉了。

中国人讲求艺术，讨厌玩弄权术。在这件事情的处理上，胡雪岩除了教训骗当的人之外，没有伤害任何人，更没有因为自己受骗而再去欺骗别人，这才是中国人高超的处事艺术。我们现在受西方的影响，遇到事情总是先想到要去解决问题，其实这并不是好办法。中国人的高明之处在于，我们不是去解决问题，而是想办法把问题化解掉。经过胡雪岩的处理，一切都一如从前，就好像当初别人没有骗他，而后他也没有骗别人一样：行骗的人乖乖地将银子送来，把假古董拿了回去，胡雪岩自然没有被骗；他以牙还牙，以恶制恶的妙计，更不能说是骗人。所以用化解的方式处理问题，最后没有任何的后遗症，而被动的解决问题，则是后遗症一大堆。一个问题不解决，永远

胡雪岩的启示	君子没有尽到责任，小人才会猖狂。 读书不是死记硬背其中的内容，而是为了学以致用。

只有一个问题，但也永远都有这个问题；一个问题解决了，几十个问题都出来了。解决来，解决去，只会叫人手忙脚乱，应接不暇。

胡雪岩对待客户讲求诚信，对待小人却能设计化解，这也正是孔子所说的以德报德，以直报怨。一个人，别人对你正直，你一定要对别人正直，否则就是修养不好；别人对你不正直，你也不可对他正直，否则就是纵容小人。为什么小人那么得意，其实都是君子的责任。君子没有尽到责任，小人才会猖狂。但是读书人以君子自居，把一切过错都归咎于小人，这完全错了。一个社会只要君子都尽到责任，小人是无所发挥的。自己没有尽到责任，还要责怪别人，这完全违背了孔子所说的反求诸己的原则。

胡雪岩虽然读书不多，可他却能领悟到这一点，而且还能做得很好，这又是为什么？一般人读书只会死记硬背，根本不理解其中的意思，谈起历史，总是先想到事情发生在何时何地，而不去想那些历史给人什么教训和经验，更没有想过，死记那些不断变化的地名，硬背些不在人世的人名，对一般人来说根本没有什么实际帮助，更不可能为己所用。

倒是像胡雪岩这样没有读过太多书的人，脑筋反而更灵活，听到事情会闻一知十，会深入去想想那些事件背后的实际用意。我们常常讲，读书要活学活用，不要死读书、读死书，就是这个道理。读书的真正要义是学以致用。

运用之妙 存乎一心

胡雪岩对待不同的客户有各自不同的办法，而他在用人之道上更是有自己的一套策略。中国的用人之道跟西方有很大区别，西方人是有了事情，然后根据事情的需要再去找合适的人，这种因事找人的做法其实是很麻烦的。打个比方，我们在纸上按照自己的想法画一只小狗，然后再照着所画的模样去找一只活生生的真狗出来，相信没有人能够办得到，因为找到的狗不是腿短就是尾巴长。所以中国人都是因人成事，先找合适的人，看他有什么长处，再给他安排他能做的事情，尽可能地把他的潜能都激发出来。胡雪岩就是这样。

胡雪岩对待部属也是将心比心，时时设身处地地为部属考虑。他刚刚涉足生丝生意的时候，一位朋友给他推荐了一个对生丝十分了解的内行人。见面聊过几句之后，胡雪岩先问对方："你家里有几口人？一个月家用需要多少钱？"

对方有些不解，为何先问这些问题，便如实回答："父母妻儿一共七口人，每月二十块就够用了。"

胡雪岩又继续问他："一家人一年的花销大概是多少？"

对方就更加迷惑了，为什么不问生丝生意方面的问题，只问家用呢？他回答说："加上年节之用，一年差不多三百块也就可以了。"

胡雪岩听了之后，很干脆地说："那好，我一年给你五百块，你到账房把三年的工钱一起先领了吧，也让家人高兴一下。"

碰到这样的老板，部属不光人会跟了他，一定连心都会交给他，尽心尽力为老板工作更不必说。但是换作有的老板，听说对方开价二十块，先想到怎么要这么多？又盘算先让他干三个月再说，能用再给钱，不行就打发走人。这样的老板谁会死心塌地为他卖力？

胡雪岩的用人策略并无两样，只有一套而已，但他却能因人因时灵活运用，所以才有这样良好的效果。其实这些都是中国人固有的东西，并非胡雪岩独创，用六个字就讲完了，叫作布局、造势、摆平。

最先是布局，中国人随时随地都是在布局，见面问你"最近好吗"，你就要小心了，他已经在布局了；或者看似不经意地问一句"你吃了没有"，这也是布局；有时候甚至不讲话，都是在布局。局一布起来，第二步就出来了，叫造势，这是对前一步的加深和巩固。中国人常讲“局势”二字，遇到事情先想“目前局势怎么样”，“当下局势妙不妙”，一方面看局一方面看势，也就是分析布局和造势的情况。有了前面良好的布局和造势，接下来当然没有一个人跑得掉，所以很快就摆平了。布局、造势、摆平，可以称为中国人处世策略的三部曲。

胡雪岩听到一句话，他会细细琢磨这句话是什么意思，然后参透其中的玄机。中国人有一句话，叫作“运用之妙，存乎一心”。我常常考周围的人这句话是谁说的，十个人有八个答不出来。这句话是岳飞说的，大致意思是说，兵法运用得精妙与否，全在于能不能根据战场的特殊情况，进行灵活而又富有创造性的思考与实践。岳飞自幼熟读兵书，尤好《孙子兵法》，但是《孙子兵法》人人都读，看到的也是相同的内容，那为何在战场上运用起来却有高下之分呢？就是因为“运用之妙，存乎一心”。

曾经有位年轻的小伙子追到了一个很漂亮的女孩子，我问他有什么妙招。小伙子说，其实也没什么，就是用了一点儿小计而已：因为那个女孩子长得漂亮，所以班上的同学都对她很好，而他却反其道而行之，每次看见她都爱搭不理，甚至故意用眼睛瞪她，弄得她很气。因为他不一样的做法，女孩子越来越注意他，觉得他与众不同，反而心生好感。后来那女孩子开始倒过来追他了。小伙子心中窃喜，却也并没有马上转变态度，仍然装作勉强接受的样子，后来就真的成功了。他自己总结说，如果我也像别人一样去巴结她，恐怕永远也不能成功，因为当时追求她的人里有很多人的条件都比我好。既然在条件上没有优势，当然就要另想办法，另辟蹊径。

所以还是岳飞说的那句话，理论只有一套，想要出奇制胜，完全在于主将的运用之妙。事物不是一成不变，而是变化无穷的，同样的一句话，对张三有用，对李四可能就无效，因为时空、人物统统不一样了。

很多人研究历史，总是探究史实的真假，做学问当然可以，但是对一般人而言，知道这些根本没有用。能够明白其中的道理，能够运用于生活之中，这才是关键。很多人怀疑孔明是不是真的神机妙算，其实关心这些没有必要，看到他那些招数很好，很有效，然后学来用就好了，何必管孔明是不是真的那么厉害呢？况且历史上记载的事情，很多是迫于当时的状况不得已才那么写的。秦始皇在史书上被写成一位暴君，就是因为《史记》是汉朝人写的，如果为秦始皇歌功颂德，那不就分明是在质疑刘邦起事的正当性吗？身为汉朝的子民谁敢这样写？所以说，历史是真是假，我们现在很难探究，只有写史的人知道。对于我们一般人而言，只要能从历史记载中有所收获、有所借鉴就足够了。

同样道理，很多的记载说胡雪岩是个投机取巧的商人，有人这么理解我们也不反对，这是个人的事情。但我们认为，胡雪岩不是投机取巧，他是随机应变。随机应变跟投机取巧长得一模一样，不同的只是我们怎么看待而已。中国人对待同样一件事情，一阴一阳，一定有两种不同的看法。孔子讲过："巧言令色，鲜矣仁。"胡雪岩很会讲话，是不是违背了孔子的原则？没有。他如果是巧言令色，一定过不了左宗棠那一关。因为左宗棠是个性格耿直的人，想在他面前耍嘴皮子不是那么容易的事，要过他这一关，非得规规矩矩不可。一个人，没有真实的东西，老是在那里讲很好听的话就是巧言令色，那是标准的小人；一个人，有根有据，只不过把事情讲得合情合理，讲得让对方听起来比较悦耳，这不是巧言令色，而是会讲话，这跟巧言令色是完全不同的东西。

胡雪岩无论为人交友，还是经商处事，脑子都非常灵活，所以他

胡雪岩的启示	当没有办法改变环境时，就要顺应环境，走出一条自己的路。

的事业发展得也很顺利。但是，中国历史上也有很多头脑灵活、精明能干的商人，为什么没有取得像胡雪岩这样大的成就？我们还是不得不佩服中国语言的高度概括性，叫作“时也，命也”。如果时不对，命不好，即便胡雪岩再高明他照样不能这么成功。我们讲，做什么事自己都要努力，这肯定没有错。一个人自己不努力，什么都不要谈了，要想做成事，自己努力是基本条件。但是除了自己努力以外，还要看时机对不对，情势好不好，然后再加上各种条件配合不配合，那就是我们通常所说的命了。

胡雪岩早生一点儿，晚生一点儿，都赶不上那个时机。他事业的成长期正是太平军跟清军打得最激烈的那几年。很多人会认为，这种年头还能干什么呢？但在胡雪岩看来，安定有安定的好处，乱世有乱世的机会，既然自己没有能力改变社会的大环境，就只能够顺应这个环境，然后走出一条自己的路，这是他很了不起的地方。一个人所处的社会大环境就是命，但是更为关键的是，人要能够适应环境，然后走出自己的路，这就是人们所说的改命。可见，说人有命，说人能改命，并不是迷信，而且我们要清楚，命运是把握在自己手里的，不是一成不变的。

胡雪岩所做的这些事情，如果只是为了赚钱，我们也不会这么深入地去研究他。赚到钱又怎么样？我们既不羡慕有钱人，也不忌妒有钱人，那是他们的事情。胡雪岩不仅仅是一个会赚钱的商人，更重要的是他用自己赚来的钱，实实在在做了一件对国家、对民族、对人民都大有裨益的事情，那就是帮助左宗棠做了一番了不起的事业，这才是胡雪岩最值得我们敬佩的地方。

[第十一章]

先义后利

胡雪岩故居大门轿厅，正中悬挂同治御书“勉善成荣”匾额

胡雪岩的聪明才干在生意场上得到了充分发挥，短短十几年的时间，就成为全国著名的巨商富贾。如果胡雪岩只是为了自己挣钱，那他也不值得我们去研究。胡雪岩之所以被商界奉为商圣，一方面是因为胡雪岩经商讲求诚信，另一方面是胡雪岩利用他的财富，帮助左宗棠为国家做了很多的好事。

左宗棠是晚清腐败的官场中，少有的一位清正廉洁的儒将。无论是平定内乱，还是建造船厂保卫海防，尤其是平定叛乱收复新疆，左宗棠军队所需要的军饷、粮草、枪支弹药、医疗药品，都是胡雪岩自己垫钱筹办。胡雪岩就是左宗棠忠实可靠的“后勤部长”。然而，胡雪岩是个商人，左宗棠为什么会放心把这么重要的事情交给胡雪岩办理？而胡雪岩在帮助左宗棠的同时，又是怎样发展自己事业的呢？

胡雪岩的启示	遇到问题，要多问问自己，少指责别人。

左宗棠对胡雪岩十分看重，很多事情都鼎力支持，并多次上奏朝廷对胡雪岩予以褒奖，二人之间的关系可以说是情同父子。当然，胡雪岩和左宗棠一个姓胡，一个姓左，不可能是真正的父子，但是胡雪岩怎么会让左宗棠如此器重呢？

多问问自己　少指责别人

一个人能不能得到上司的赏识，关键在于自己，而不在于上司。很多人总觉得上司不会看人，觉得上司脾气不好，自己总是受委屈，这个就是方向不对。人要多问问自己，不要总是指责别人，偏偏我们中国人的习惯一般都是颠倒过来的。我们看自己跟看别人用的是双重标准，总是认为自己很守规矩，别人都是乱七八糟。这不是很奇怪吗？你会不会想到别人看你，其实也会认为是乱七八糟的。只因为我们看自己和看别人的标准是不一样的。

我们为什么要读《论语》？其实孔子一辈子没有创新些什么，只是默默地思考中国人的毛病所在，并把这些毛病挑出来，调整过来，如此而已。所以《论语》的道理很简单，都是些中国人的“家常便饭”。孔子告诉我们，对待别人要宽厚一点儿，要求自己要严格一点儿，就是因为一般人往往对自己很宽松，对别人很严格，就这么简单。

到底是胡雪岩依靠左宗棠，还是左宗棠依靠胡雪岩？这个问题很关键。在外人看来，左宗棠是朝廷重臣，胡雪岩再有钱也只是一个商人，肯定是胡雪岩在依靠左宗棠。但如果左宗棠觉得胡雪岩处处依赖自己，认为迟早会受他牵连而出问题，那以左宗棠的背景和权力，轻而易举就可以把胡雪岩这个包袱累赘踢到一边。事实上，不但是胡雪岩依靠左宗棠，而且左宗棠也越来越依赖于胡雪岩。但是，胡雪岩如果认为自己很有功劳，觉得左宗棠对他支持不够，那他们二人的合作也不可能长久。胡雪岩没有那样，他总是觉得自己做得不够，而左宗棠也劝胡雪岩不要太辛苦，所以两个人相处得非常愉快。这正是我们要追究的重点。其实要做到这个地步也不难，只要体会到胡雪岩的一套做法，每一个人都可以做得到。

坚持才能有信用

胡雪岩十九岁到杭州阜康钱庄当学徒，到二十七岁于老板将整个钱庄无偿赠送给他，期间只有八年的时间。突然得到这样的机会，一般人就会得意忘形，认为自己有钱了，当老板了，就可以为所欲为了。人最怕的就是得意忘形，因为太高兴的时候是很危险的，一旦如此，用不了两三年，必然会垮下来。

胡雪岩每当情况发生重大改变的时候，他都会很冷静地去分析原因，这是每一个人都应该养成的习惯。他想：于老板凭什么对我这么好？虽然他没有儿子，但是还有亲戚，也有比我更亲近的人，怎么就会把钱庄交给我呢？胡雪岩想来想去，认为只有一个原因，就是自己比较可靠。于老板辛苦一生创下阜康钱庄，当然希望有人能将它发展壮大，而看来看去，觉得胡雪岩是最合适的人选，这才会将一生的心血交付于他。

胡雪岩在与左宗棠的交往中，也是同样的做法，所以很快就将形势整个扭转过来，使得左宗棠非常信任他，处处支持他。

部属通常有三种：一种是坐等老板的命令，交代什么做什么，自己服从就好了，这种人迟早变成老板的累赘；一种是总向老板提问题，这样只会招人烦，结果也是被老板踢到一边；还有一种，他会站在老板的立场来考虑事情，发现问题后会主动寻求解决的方法，然后提出建议给老板做参考。这样的部属才是老板所喜欢的，胡雪岩真的做到了这一点，他不断地跟左宗棠提出各种建议，而且都收到了很好的效果。

胡雪岩给左宗棠提出的第一个建议是什么？就是购买洋枪洋炮，组建常捷军，用于收复杭州的战役。我们前面已经说过，左宗棠刚开始听到胡雪岩建议的时候，是非常生气的，甚至将棋盘都掀翻在地。

说到这里，我们不禁要插点儿题外话。很多人会说，火药是中国人发明的，但搞到最后我们却打不过外国人，所以一定要学习外国人。这种言论实在是很可笑。中国人向来爱好和平，我们不是不会发明，但是我们只把火药拿来做爆竹放，以增添喜庆的氛围。而外国人使用不当，才会把火药变成武器，我们居然还很羡慕，这不是很奇怪吗？如果全世界的人都学中国，只把火药拿来做爆竹放，那人类还会有这么多的战争吗？我们现在是没有办法，因为全世界都有那么厉害的枪炮，我们才不得不跟着如此，这是不得已的事情，但绝对不是什么好办法。

一般人看到左宗棠如此强烈地反对，可能根本就不敢接着说下去了。但胡雪岩却认为，如果看到左宗棠不接受就退缩了，以后讲什么

胡雪岩的启示	人的信用是自己坚持出来的。

左宗棠都很难再听进去。要么不讲，既然讲了就要坚持下去。所以他才会一再地坚持自己的观点，后来左宗棠真的就接受了。胡雪岩这样做其实是需要很大魄力和勇气的，他之所以敢于坚持，是因为他确信自己的建议是对国家有利的，是能够帮助左宗棠的。因为胡雪岩认为，左宗棠是一位为国家尽忠效力的大将，自己帮助左宗棠做事，就是在给国家效力。而作为一个商人，如果只想着为自己赚几个钱，是成就不了大事业的。

中国人不太会轻易相信别人，既然如此，那需要怎么做才能取得别人的信任呢？胡雪岩当年跟王有龄聊天，曾经说起过一个故事：一个人到邻居家串门，告诉屋子的主人院子里有一条蛇，足有两米多长。主人自然不相信，说："哪里会有那么长的蛇，你分明是骗人。"来人一看主人不信，就又比画说："就算没有两米多长，那也足有一米那么长。"主人一听心中就有数了，又问："是真的吗？你看清楚了吗？"邻居又比画说："反正最少也有一尺多长吧。"

中国人一出手就见高低，几回简单的试探之后，假话就不攻自破了。相反地，如果进来的人说，外面有条一米多长的蛇，主人问真的假的，他说千真万确，主人仍有疑虑，他坚持说就是这么长，不信可以自己去看，这时主人多半会真的相信。

一个简单的故事，胡雪岩就悟出了道理：人的信用是自己坚持出来的。

协办船厂

一次次"领教"了西方人坚船利炮的厉害，清政府开始认识到，要想抵御外敌，必须建立自己的海军。

讲到造船，一直到明代，中国人的造船技术都是全世界最先进的。郑和下西洋的时候，我们的船是世界上最大的，而且一直远航到了南美洲。以前说这些没有人相信，直到后来那里发现了郑和船队的残骸，人们才慢慢相信，最早发现美洲的并不是哥伦布，而是我们中国人。有人说中国人不懂管理，但郑和所率的船队大小船只共有两百多艘，船员两万多人，以当时的通信条件，能够远涉重洋，航程达万余里，没有高效合理的管理是根本不可能的。

有位欧洲人曾经问我，既然郑和到过那么多地方，为什么不把它占领下来呢？我对他讲，你们搞错了，欧洲人看到新的地方就会想到去占领它，中国人根本不会，该是谁的还是谁的，我们最多是接受一两次的朝贡而已。他听了更不明白了，又问为什么是一两次。我告诉他，中国人是你送我一百块，我会回你两百块的，这样的话，第一次朝贡来一百人，第二次就会来一千人，要是第三次再来五千人，那不是要把我们吃穷了吗？这些观念外国人永远搞不明白。

长期和洋人打交道的胡雪岩当然懂得兴国强族的道理，所以就向左宗棠提出了制造轮船的建议，深得左宗棠赞赏。于是左宗棠上奏朝廷，要学习西方技术，自己兴建船厂。左宗棠在奏折中说：

> 欲防海之害而收其利，非整理水师不可；欲整理水师，非设局监造轮船不可；泰西巧而中国不必安于拙也，泰西有而中国不能傲以无也。

同治五年（1866 年），朝廷批准了左宗棠的奏折，命其在福建马尾主持兴办船厂，监造轮船。胡雪岩找来法国的技师，协助左宗棠筹建船厂。但就在船厂刚刚动工不久，朝廷突然下令左宗棠调任陕甘总督。左宗棠赴任之前，一面向朝廷推荐江西巡府沈葆桢任船政大臣，一面又竭力推荐胡雪岩协助料理福州船政局的一切具体事务。

同治八年（1869 年）秋，船厂的第一艘轮船“万年清”号下水成功。这艘轮船从福建试航一直行驶到达天津港，当人们首次看到中国自己制造的轮船时，万众欢腾，盛况空前，连洋人也深感惊奇。同治十年（1871 年）初，“镇海”号兵轮又下水成功。

远在边陲的左宗棠得知这些消息，特别写信给胡雪岩：

> 闽局各事日见精进，轮船无须外国匠师，此是好消息……
>
> 阁下创议之功伟矣。见在学徒匠作日见精进，美不胜收，驾驶之人亦易选择，去海之害，收海之利，此吾中国一大转机，由贫弱而富强，实基于此。

一直被西方列强认为软弱无能的清政府，居然自己制造出了轮船和兵船，这是左宗棠在洋务运动中的一大功绩，当然其中也有胡雪岩的一份功劳。然而，光绪十年（1884 年）八月，法国海军借口偷袭马尾港口，将耗时十几年建设起来的福建船厂毁于一旦。为什么法国人能轻而易举地毁掉马尾船厂？因为我们请的是法国的技师，用的是法国的技术，而他们根本不可能把真正先进的技术传授给我们。所以任何事情要自力更生，要自己想办法，这才是根本。但是胡雪岩的功劳，我们还是不能忘记。

支持西征

胡雪岩对左宗棠最大的帮助，就是替他筹措西征的粮饷军需，实现了收复新疆的大业。

同治五年（1866 年），中亚细亚浩罕国酋长阿古柏在外国势力的操纵下，占领新疆。左宗棠力主出兵收复新疆，后经慈禧太后批准，以钦差大臣身份奉命西征。当时的清政府无力支撑整个西征所需的庞大军费，除了拨付少数银两以外，其余银两则下令由东南各省协办。但是由于朝廷有人对西征有不同看法，各省都赖着不解或少解“协饷”，所需的军费迟迟不能到位。就在左宗棠最为难的时候，胡雪岩挺身而出。一方面他为了供应左宗棠西征的军需，千方百计筹措资金，甚至自己垫付银子，后来因为所需数额越来越大，为了不使军队断饷缺粮，他再次向外国银行贷款；另一方面，他还为左宗棠购置了大量的新式枪炮，使得军队的战斗力大为增强，为取得最后的胜利提供了保障。

自同治五年（1866 年）至光绪四年（1878 年），左宗棠前后历时十二年的时间，终于完成了平定陕甘，收复新疆的大业，把新疆这片广阔土地从分裂国家的叛军和外国侵略者手中夺了回来，重新置于中国版图之中。这是左宗棠一生最大的功绩，而胡雪岩在这当中所做出的贡献，也实现了他人生最大的价值。

创办药厂

中国人虽然不是每个人都是医生，但是我们对医药的常识却或多或少有所了解。因为中国人药食同源——食物就是药物，药物就是食物，这是我们很了不起的地方。我的祖父是位中医师，我很小的时候他就告诉我，为什么中国人这么多，因为中国人很讲究食疗，我们吃东西的时候就是在预防生病；而我们治病的时候，不光治标而且治本。那时候我听不太懂，后来慢慢才了解到，西医治病是用解决的办法，哪里有问题就切除哪里；而中医讲求的则是化解的疗法，病人说左边痛，就给他揉右边。外国人每次看到这种情况都会觉得好笑，连方位都搞错，怎么给人治病。我对他们讲，既然是左边痛，我们当然揉右边不痛的地方，这就叫阴阳互补。哪里痛还去碰哪里？没有那回事的。现在外国人也越来越相信中医，他们给中医一个名词，叫作自然疗法。

胡雪岩用的也是自然疗法，就像食疗一样，就是左宗棠需要什么他就做什么，而他涉足药业，也是与左宗棠西征有直接的关系。

胡雪岩的启示	只要有做好事的心愿，就会走出一条路来。 胡雪岩成功的关键，是先想到义，后想到利。

左宗棠的部队进入新疆以后，因为水土不服，很多士兵都病倒了。胡雪岩得知这一情况，就主动跟左宗棠讲，要开家雪记药厂，不做别的，只做军用药品，免费供应大军西征之用。左宗棠听了十分感动，说这样你不是太亏了吗？胡雪岩说，亏就亏了，钱赚来了就是要亏的。有赚才有亏，有亏才有赚。胡雪岩不是空口说白话，他说到做到，不但不要钱而且是长期供应。为了保证军队的临时需求，胡雪岩常常会多做一些药品以作备用。一旦有了富余，他就把剩余的药拿出来施给穷人，百姓自然对他也十分感激。

我们常常劝人要做好事，但是不要刻意去想自己怎么才能做好事，只要有这种心意，然后好好去做，迟早会走出一条路来，那才叫自然疗法，就是自自然然有一个成果下来。胡雪岩开始涉足医药并非是为做生意，完全是出于帮助左宗棠的目的。但是时间一长，胡雪岩慢慢感觉到医药可以治病救人，是行善积德绝好的行业，所以后来就将雪记药厂演变成胡庆余堂，成为了他一生留名的实业。中国人很喜欢讲瓜熟蒂落，自然掉下来的果实，才是最成熟的，人为去处理的都不是好现象。

义利相济

胡雪岩一生最大的成功，就是能够得到左宗棠的赏识，这又是什么原因？就是因为胡雪岩做任何事情都是先想到义，后想到利。胡雪岩为协助左宗棠筹建马尾船厂，便把钱庄开到了福建，不然资金没有办法流通。所以胡雪岩一方面是尽全力帮助左宗棠，一方面也把自己的事业扩展到了全国。我们讲过很多次，这是公私两便，而不是官商勾结。

很多人问胡雪岩，你是一个商人，为什么要这样子？他讲了一番

胡雪岩的启示	国家安定，商人才可能做生意。 道理是直的，但是路经常是弯的。

话，到现在还值得我们钦佩。他说如果国家不安定，商人根本没有办法做生意。所以，做生意看起来好像跟国家没有直接的关系，但实际上只有想办法让社会安定，让大家过好日子，商人的生意自然会发展起来。这一番话到今天还是正确的。

中国人做任何事情，事先都想到四个字——未雨绸缪。就是说雨还没有下的时候，就要想到下雨时怎么办，而不是雨下起来以后才去打算，那就是临渴掘井了。现在有人学习西方管理，觉得计划管理很时髦，其实中国人老早就说任何事情没有计划都是不行的，一定先把计划制订好了，看看可行不可行，然后再开始行动，这就是我们常说的谋定而后动。胡雪岩做事不是讲出去以后才开始行动，支票已经开出去了，如果空头怎么办？他都是提前把事情就筹划得好好的，胸有成竹，然后才说出来。一个人，有把握才说自然就有信用；没有把握却拼命说，最后一定完蛋。

胡雪岩和左宗棠不仅身份不同，而且性格迥异，左宗棠性格耿直，爱发脾气，下属都害怕他，那么胡雪岩为什么能和左宗棠相处得如此之好呢？胡雪岩有一句话很值得我们参考：道理是直的，但是路经常是弯的。道理当然是直的，对就是对，错就是错。但是人却不可以直来直往，每个人都希望别人说实话，可是一旦有话直说，对方就受不了，就听不进去了。直路和弯路哪个好，开车的朋友最清楚：路越直越会犯困，很容易出车祸；而路弯弯曲曲谁敢睡觉，小心谨慎地规矩驾驶就可以避免车祸发生。这是最好的比喻。直来直往吃亏永远是自己，怨天尤人，觉得别人不对，自己很委屈，这样的人是不会有出息的。胡雪岩了不起的地方，就是他能找出使自己不委屈的路来。

胡雪岩对左宗棠既不是绝对服从，也不是一味巴结。左宗棠的部将提醒胡雪岩，说左大人很讲骨气，你要小心。胡雪岩回答说，左大人讲骨气是他的事，我不讲骨气，只讲和气，生意人只有和气的份儿。军人讲骨气，商人讲和气，他为什么敢讲这样的话，因为他讲的是对的。

商人如果也讲骨气，那是要跟谁拼命？所以现在很多人说，商场如战场，其实我是不接受这种说法的。商场和战场差得很远：士兵在战场上违反军纪，严重的话可以就地正法。可今天当老板的，哪个能枪毙自己不听话的干部？所以说，战场和商场完全不一样，这种比喻也是不伦不类的。现在很多人没有经过仔细比对分析，就盲目相信别人的话，这样很容易上当。

讲到这里，我们慢慢就会明白，胡雪岩能够深得左宗棠的信任并相处得很好，一方面是因为他深明大义，做事以国家利益为重，另一方面也是因为他脑筋灵活，能够随机应变。那胡雪岩为什么会这么聪明？为什么能如此善于动脑筋呢？

风水轮流转，中国人为什么说富不过三代，就是人一有钱，就不动脑筋了。爸爸很有钱，小孩子就不动脑筋，饭来张口，衣来伸手，高兴怎样就怎样，这种人长大了有什么用呢？胡雪岩小时候家里很穷，他不动脑筋就活不了。有的人很会动脑筋，但却不喜欢别人动脑筋，总觉得自己动脑筋是用计，别人动脑筋就是小人，这种人其实本身就是不怀好意。胡雪岩时时刻刻动脑筋，而且动的都是正面的脑筋，他一心想怎样能更好地帮助左宗棠，怎样通过左宗棠来替国家多做点儿事情。如果胡雪岩只是嘴巴讲得好听，左宗棠两三下就看穿了，但是在左宗棠不断地试探之下，胡雪岩用实际的表现为自己争取到了信任，成为左宗棠的得力干部，用中国人的话说，就叫左膀右臂。

饮水思源，没有胡雪岩筹饷及后勤支援，左宗棠的西征不可能顺利成功。左宗棠认为胡雪岩做出的贡献“实与前敌将领无殊”，所以他几次上奏朝廷盛赞胡雪岩，说他“实属深明大义不可多得之员”，“其急公好义，实心实力，非寻常办理赈抚劳绩可比”，称胡雪岩为“才长心细，熟谙洋务，为船局断不可少之人，且为洋人素信也”。

[第十二章]

盛名难副

胡雪岩故居芝园大开，“芝园”之名是胡雪岩为纪念父亲胡芝田而取

左宗棠为了感谢胡雪岩对国家的贡献，找了一个机会带胡雪岩上北京，希望慈禧太后能给胡雪岩一些奖赏。胡雪岩听到这个消息，既高兴又害怕，因为慈禧太后喜怒无常，高兴了就封赏，生气了就杀头，那么胡雪岩都做了哪些充分的准备，从而顺利地通过了这一关呢？满载而归的胡雪岩，想到自己的母亲年轻守寡，养大他们兄弟几个不容易，想给母亲讨一个诰命夫人的封号，那么胡雪岩又采取了哪些方法才得到了这个赏赐呢？如愿以偿的胡雪岩达到了人生的顶峰，人称“红顶商人”。那么胡雪岩在他人生最得意的时候，又是怎样和别人相处的呢？

胡雪岩的启示	对一个人最大的奖赏，就是给他工作的机会。

我们常说，重赏之下必有勇夫，可是想想看，小人物可以时时刻刻盼望着他人的奖励，但是一个大人物，又有谁来奖励他呢？没有奖励难道就不做事了吗？孔子并没有人给他什么奖励，他不是照样做自己该做的事情吗？可胡雪岩毕竟读书不多，做事情难免想要得到些赏赐，而左宗棠也认为中国人讲究礼尚往来，胡雪岩帮了自己那么大的忙，总该给些什么作为回馈才对。其实，对一个人最大的奖赏，就是给他工作的机会。但是大多数人却不是这样想，总觉得自己做的事情很辛苦，是自己不愿意做的，因此一心一意想要得到些奖励。我们从胡雪岩的故事可以体会到，凡是需要奖赏的，都不可能是大人物。

随左入京

左宗棠任浙江巡抚之时，因镇压太平军有功，被封为一等恪靖伯。平定回乱，收复新疆以后，又晋封为二等恪靖侯。左宗棠在不断高升的同时，并没有忘记胡雪岩的相助之功。其实，左宗棠想要提拔胡雪岩也不是那么简单，因为这样的事情不是他能说了算的，还要经过朝廷的同意，尤其要得到慈禧太后的同意。我们都知道慈禧太后是不太容易讲话的，高兴起来什么事都可以，一不高兴什么事情都没门儿。

求人帮忙，对方说没有问题，表示立即打电话或者马上写封介绍信，反而可能只是应付而已。因为等把你打发走了以后，他一个电话再打回去，说刚才只是碍于情面才那么讲，请不必当真就可以了。很多人只看到表面，对实际的状况却并不了解。中国人要真心实意帮助别人的时候，并不见得马上就去做，因为当时的时机未必是最合适的。他把你的要求放在脑海里，考虑怎样的方法最有效，怎样的时机最恰当，所以表面上看好像不是很热心，但实际上却是真心真意的。

左宗棠是真的把胡雪岩的事情放在心里的，所以一直在等待合适的时机。终于有一次左宗棠要因公前往京城，他觉得机会终于来了，于是就派人告诉胡雪岩准备一下，同他在北京会合，一起面见慈禧太后。胡雪岩听说要去北京，非但没有高兴，反倒是万分紧张，因为他知道，左宗棠和李鸿章长期政见不和，两个人一直相争不下，李鸿章斗不过左宗棠，但是想把胡雪岩当作替罪羔羊，却不是难事，再加上慈禧太后喜怒无常，所以此去也是吉凶难料，是祸是福谁都说不清楚。

我们已经讲过，中国人的事情从来都是可大可小的：说顺利就很顺利，说不顺利什么都不顺利，因为各种因素都在不断变化。很多人说西方人很会变化，这是完全错误的观点。西方人并不太会变化，而中国人是从小就会变化，只不过中国人自有一套办法，我们变化的幅度小，一点儿一点儿在变，所以才会让人觉得我们一成不变。

我在英国读书的时候，老师常对我说："你们中国人就是保守，就是不会变……"碰到这种被人误解的情况，外国人会马上出来更正对方的观点。但我是中国人，心里觉得好笑，但嘴上不会跟他去讲。我表面上说嗯嗯嗯，心里却在想，我们不是不变，而是变到让你们看不出来。这才是中国人最高明的地方。一个人刚有变化，就被别人看出在变，那就不要变了，这样的人连变的本事都没有。

一个人面对问题，有准备总比没有准备好：做好准备，而最后没有事情，大不了白花些力气罢了，但是万一没有准备，碰到事情就会措手不及，自乱阵脚。所以胡雪岩不敢掉以轻心，临行之前他将亲信找来，叮嘱了一番："这次随左大人进京凶多吉少，你们一定要记住，万一情况有变，必要的时候一定要弃财保家。财散了没有关系，把家保住才是最要紧的。"到底是钱要紧还是命要紧？一个人身上装着很多钱，一不小心掉到水里，他会去抓钱还是抓水面上的木头？当然是木头。如果此刻有人说你把身上的钱给我，我就救你上来，相信谁都会答应。可是上岸以后，往往又会觉得白白把钱丢掉了，很划不来。人就是这么矛盾，这就叫作此一时也，彼一时也。胡雪岩却看得很开，一再嘱咐，不管怎样，一定要把命保住，钱可以再赚，命却只有一条。

胡雪岩到了北京，当然不会眼巴巴地坐等传唤，然后毫无准备地就去见慈禧太后。他反复思虑，觉得虽然左宗棠可以保他，但自己也应做些准备才会更安全。于是他准备到古董店买一样贵重的礼物，送给慈禧太后身边的大红人——李连英。对君子不能巴结，但对小人是非巴结不可的，因为阎王好见，小鬼难缠。胡雪岩为什么不买礼物送给慈禧太后？因为天下都是她的，送什么她也不会放在眼里。但是如果不打点妥当，李连英那一关是不好过的。

古董店同一般的商店刚好是走相反的路，凡是摆在橱窗里，让顾客一眼就能看到的，没有一样是好东西。如果把最好的东西陈列在橱窗里，他的生意是做不下去的。碰到顾客一进门便说这个好那个好，老板是最高兴的，因为这样的顾客根本就是外行，有人花大价钱买走次品，老板当然是求之不得的。

胡雪岩到了古董店，大体浏览了一下，问老板有没有好一点儿的东西，老板就知道这个人是内行，也舍得花钱。但是老板还是没有马上把好货亮出来，只是又拿出稍好些的货品来给胡雪岩看，三番两次之后，虽然价格一次比一次高，但胡雪岩还是不满意。最后，老板才把橱窗打开，从里面拿出镇店之宝，这才是古董店的经营方式。于是胡雪岩花大价钱买下了一件十分昂贵的宣德炉，辗转送给了李连英。

觐见慈禧

有了事先的这些准备，胡雪岩心里这才安稳了几分，随后和左宗棠一起奉懿旨入紫禁城，觐见慈禧太后。出乎常人意料的是，见面一番君臣礼节之后，慈禧太后对胡雪岩倒算客气，这是什么道理？都是因为左宗棠的面子。碰到陌生人对我们很客气的时候，千万不要以为是自己很有办法，因为这往往是出于对介绍人的看重，才给我们一点儿面子而已，如果会错了意那是很麻烦的。

慈禧问胡雪岩："你属什么的？"中国人一开口就会告诉你，你跟他的关系是什么样的？慈禧会这样问话就是在告诉说，你不用害怕，我是把你当成比较熟悉的人了。因为我们一句话实际上会牵连到很多因素。

胡雪岩说："我是属羊的。"

慈禧听后，饶有兴趣地说："很好，我也是属羊的。"慈禧能这样说是非常不容易的，如果不高兴完全可以不说，何必让胡雪岩知道呢？然后，慈禧又问他："听说你对左大人帮助很大，我要替左大人好好谢谢你，你是想升官还是想发财？"

胡雪岩说："我只求国家安定，百姓安乐，自己能够好好做生意便知足了。"胡雪岩说的是真心话吗？当然不是，这都是些冠冕堂皇的话，并不是他发自内心的想法。但我们不能以此就认为胡雪岩是在骗人，因为慈禧太后此时就在上面，他不能不这样说，他说这些只是为了表示对慈禧太后的尊敬，如此而已。

胡雪岩这样做好不好？我们给大家一个建议，中国人在回答事情的好坏时，答案只有一个：合理就好，不合理就不好。一个人不说实在话好不好？合理就好。一个人总说实在话好不好？不合理就不好。用这样的态度去处理事情，任何事情都会做得很正确。日本人是上司叫他死，他就得真的去死。中国人则是该死就要死，该逃就要逃。即便皇帝命令臣子去死，也并非都是让他真的去死，我们是希望不要屈死。

清朝的刘墉是许多人很敬佩的一位名臣，老百姓都叫他刘罗锅。他的老板是乾隆皇帝，传说有一次他因为直谏惹恼了乾隆，于是皇帝就叫他去死。那个时代君叫臣死，臣不敢不死，但是刘罗锅却自有对策。他跑回家跳到水缸里，把自己弄得全身都是水，然后浑身湿漉漉地跑回来去见乾隆。

乾隆非常生气，说："我让你去死，你怎么敢不死？"

刘罗锅答道："臣不敢抗旨不遵，只是我投河死了，却被人骂了回来。"

乾隆一听更气了，说他分明是在编瞎话。刘罗锅说："千真万确！我跳河以后碰见了屈原，屈原说他是因为碰到昏君才会投江自杀，而我碰到圣明的主子，怎么还敢跳河，于是就把我骂回来了。"乾隆听了明明知道都是假话，但还是很高兴，说回来就好，回来就好。刘墉因此而免于一死。

这才是中国人的智慧。

中国人是世界上唯一同时讲两句话的人，一句话有声音，一句话没有声音。有声音的话讲得很好听，至于没有声音的话，放在自己心里，愿怎么想就怎么想，谁也奈何不了，这才是最安全的。

胡雪岩如果直接说自己为朝廷做了很多事情，希望得到一些奖

胡雪岩的启示	老板讲得太多，部属就做得很少。

赏。虽然这是实在话，但是慈禧不可能听得进去，马上会叫李连英把他赶出去，叫他一边凉快去。左宗棠会带他觐见，慈禧当然知道是希望给胡雪岩一些封赏，这种话不必直说，说出来就没有意思了。但是慈禧也不会明说，她知道李连英眼线众多，对底下的事情比较了解，于是就问李连英该赏给胡雪岩点儿什么。

李连英如果说太后能够亲自接见胡雪岩，就是给他最大的褒奖了，那仅凭这样一句话，胡雪岩可能就什么也得不到了。既然大家都不明说，李连英自然也不会直接讲出来。其实李连英只要有一次敢指手画脚，慈禧马上就会翻脸：是你做主还是我做主？老早就把李连英赶出去了。李连英没有那么笨，他能够在慈禧身边那么长时间，自有他的一套。

此时李连英就开始发挥作用了，他说太后您赏他什么都可以。中国人是很会听话的，说赏他什么都可以，就表示越多越好。慈禧马上就明白，李连英对胡雪岩的印象也不错。中国人根本不需要讲太多的话，弦外之音谁都听得懂。

慈禧想了想说："看在左大人的面子上也要给点儿赏赐，就把江苏、江西、浙江、福建四省的税收代理权交给阜康钱庄承办好了。"

慈禧太后轻描淡写的一句话，带来的好处却是让胡雪岩张开双手捧都捧不完的。资金就是钱庄的资本，有这么一笔巨资供他周转使用，对他来说就足够了。胡雪岩可以说是满载而归。

有了这样的结局，我们才明白为什么左宗棠只是叫胡雪岩去北京，其他的事情都没有交代。因为这样，胡雪岩的潜力才会被激发出来，才能把事情做得圆满。其实老板讲得太多，部属就会做得很少。相反，老板什么都不说，部属就要自己从各方面去思考，然后面面俱到地认真去做。左宗棠这个领导是了不起的，他让胡雪岩明白，我可以拉你一把，但是你不能完全靠我，还要自己去做才行。

四省的税收代理大权是慈禧太后给胡雪岩的赏赐，左宗棠没有那样的资源，所以不可能给他实际的好处，那他又给了胡雪岩什么呢？左宗棠一生对胡雪岩最大的恩惠，就是不断提供给他做事的机会。左宗棠认为，西征新疆既是报效国家的益事，也是给胡雪岩表现的机会，所以面对粮食、军火、医药不足的难题，他都开口让胡雪岩帮忙筹措。胡雪岩也很了不起，他样样都答应，而且一直都做得非常好。虽然在左宗棠的保奏之下，胡雪岩的官衔由正三品升为了从二品，但是以左宗棠的性格，他还是觉得对胡雪岩有些亏欠，所以就派人去问胡雪岩，看他还想要些什么。没想到这一问，左宗棠却惹了个不小的麻烦。

求得黄马褂

胡雪岩对左宗棠派来的人说，左大人给我的已经够多了，我什么都不想要，不过如果方便的话，帮我弄件黄马褂，那就更好了。这一要求，可叫左宗棠为难了。因为按照清朝的规矩，只有皇帝的近身侍卫、皇亲国戚或者对朝廷有特殊贡献的人才能被赐穿黄马褂。而且黄马褂作为一种殊荣，向来是皇帝主动赏赐，绝没有臣下指名请赏的。所以，之前为胡雪岩搞个顶戴花翎还算容易，可是求赐黄马褂却让左宗棠有些伤脑筋了。

有人会要求老板发给自己两千元奖金吗？大概不会。因为这种事情，即便是老板主动要给奖励，也还要推辞一番，说自己无功不受禄。这样老板给得才愉快，以后也才能继续有这样的好事。如果老板说，你这么辛劳，奖励你两千块奖金。你回答说这本来就是应该的，那你试试看，以后再给你才怪。可胡雪岩既然开口了，左宗棠就下定决心，一定要替他弄一件黄马褂。

左宗棠如果直接就向慈禧太后要求，肯定会被当即拒绝，以后再想办成此事就难上加难了。我们之前讲过，中国人要做一件事情，第一关就是布局，要先把局布起来以后，才能往下发展。所以，左宗棠第一个想到了恭亲王。

左宗棠怎么布局？如果他一见恭亲王就说我有件很麻烦的事情要特别拜托你，因为只有你才做得到，那么恭亲王一定不会答应，心里会想你左宗棠明知麻烦还要找我，这岂不是在给我找麻烦？所以说，这是最下策的手法。左宗棠一定是这样讲：要是别人的话，我根本不会开口，但胡雪岩为朝廷做了很多贡献，况且他也从来没有向我提出过什么要求……

中国人都是这样：先向所要拜托帮忙的人表明我不是个轻易开口求人的人，再说明找我办事的人也很少会麻烦别人，正是因为这样才让自己觉得不安，这样就把问题推给对方，看看他会怎样反应。恭亲王一听，觉得既然如此，是该给他想想办法。这样，恭亲王就开始上钩了。

左宗棠见开局不错，这才接着说下去：别人都没门路，也没这个本事，我想尽办法，只有来求你。而且谁让你又同情我呢……

开口就要布局，局一布，谁也跑不掉；时机成熟了，就要赶快造势，势一成，没人挡得住。如此一来，事情自然就摆平了。

左宗棠之后又会同其他官员联名保奏，在折子里向慈禧太后列举了胡雪岩的九大功劳，如：为左宗棠主持上海转运局，各类转运事宜毫无延误；向各国购买新式武器，价廉物美，及时运至军营；多次为左宗棠商借洋款，前后合计一千七百七十万两；各省的“协饷”也由胡雪岩一手经理，从未出现断饷之虞……经过左宗棠多次布局造势的精心运作，终于说动了慈禧太后。

左宗棠能够为胡雪岩破天荒地争取到这个殊荣，与恭亲王在旁边的帮忙有莫大的关系。所以说敲边鼓的人最得力，真正起关键性作用的不见得是提出事情的人，很多事情最后能够顺利办成，大部分都是靠那些看不见的敲边鼓的人。现在很多人，总是觉得做出决定的才是给他帮忙最大的人，他就没有想到还有其他很多人都帮了忙，所以经常在不知不觉中就把人得罪了。

为母求匾额

胡雪岩终于心满意足地穿上了黄马褂，此时的他名利双收，达到了人生的顶峰，就自己而言应该是别无所求了。那他是否就此心满意足了呢？如果是这样，我们就会认为他太没有孝心，完全不把母亲当一回事。中国人很奇怪，当一个人有了成就之后，人们就开始关注他有没有想到父母。胡雪岩是个大孝子，如今自己发达了，就希望能给母亲求个诰命夫人的封号。

但是诰命夫人的封号也是需要慈禧太后亲封的，这个时候一个意想不到的人居然出来帮忙了，他就是李鸿章。李鸿章原本是一直打压胡雪岩的，现在看到胡雪岩越来越得势，事业发展得越来越兴旺，于是以直隶总督的身份，奏请朝廷给胡雪岩的母亲金太夫人册封匾额。这叫作什么？叫作锦上添花。李鸿章做这样的事情，是想缓和一下同胡雪岩的关系，进而拉拢胡雪岩。可是没有想到，慈禧太后对李鸿章印象很不好，因而以胡雪岩官衔资格不够为由未予批准。

后来还是左宗棠动脑筋，他让胡雪岩把母亲曾经做过的善事一一列举出来，写成条陈。胡雪岩于是将以前奉母命捐赠的棉衣、粮米、银两等数字一一列出，总共有二十万两白银之多。左宗棠就把金太夫人的这些善举整理出来，如某月某日做了什么，诸如此类。开始左宗棠并没有提任何要求，只是上报给朝廷。过了一段时间，左宗棠再次上奏慈禧太后，说他虽与胡雪岩接触不多，但是却发现此人十分孝顺，胡雪岩做的许多善事均系恪遵母命所为，为了彰显贤母令子之风，恳请恩准赐其母金太夫人匾额。中国人说话一定要小心，否则就会引出很多问题。左宗棠绝对不能说自己和胡雪岩来往频繁，那样慈禧就会起疑，你们二人是不是对朝廷不满，一天到晚在一起议论我些什么。

左宗棠其中“恪遵母命所为”这句话一下子打动了慈禧的心，因为她唯恐自己的亲生儿子不肯顺从她“垂帘听政”的做法，现在得知一个商人发迹后居然能恪遵母命，行善积德，当然要借此机会大加弘扬，以此也好“教训”一下“不听话”的同治皇帝。于是慈禧太后立即批准了左宗棠的奏本，并亲笔书写了“淑德彰闻”四个大字。这样，一块红底金字匾额送到了杭州胡府，胡雪岩母亲一品夫人的封号，就这么拐着弯地出来了。

荣誉共分享

自满清入关建制以来，富商捐官戴红顶者有，但既戴红顶又穿黄马褂的仅胡雪岩一人。左宗棠想尽办法帮胡雪岩弄了一件黄马褂，胡雪岩有没有天天穿？他如果天天穿，所有人看了都会觉得很刺眼，都会因嫉妒而不断地找他麻烦，那样恐怕他连一年也活不了。我们平时要把很难得的东西藏起来，不会常常显露出来，就是这个道理。

胡雪岩是个聪明人，他平时很少穿它，但每年正月初五，却一定要穿上这件黄马褂向全体员工敬酒，以此来表示他对员工的谢意：我依靠大家的帮助，为朝廷做了贡献，得到了这件黄马褂，这个荣耀是大家的，黄马褂虽然穿在我身上，就等于大家穿一样。这样一来，所有的员工都很振奋，接下来一年的工作，干起来都会倍加勤奋。

胡雪岩为什么选在正月初五？因为那是一年中最重要、最吉利的日子，春节过后商铺开工都会选择那一天。中国人做任何事情都很讲

胡雪岩的启示	当得到好处的时候，首先要想到别人，而不是只顾及自己。

究“时”，一件黄马褂，穿的“时”对了，效果事半功倍；穿的“时”不对，就毫无意义，甚至会招来麻烦。所以每件事情有没有功效，完全是看人怎么去运用，而不是在于事情本身。

事到如今，胡雪岩应该是心满意足了，不光自己得到了能得到的一切，而且连母亲也跟着荣耀十足。可是这对他并不见得有什么好处。一个人，当没有得到奖赏之前，所有人都跟他处得很好；一旦得到了奖赏就会被孤立，所有人都会用异样的眼神看他。胡雪岩就遭遇到这样的压力：同行看他不顺眼，同事也觉得他怪怪的。

中国的阴阳文化告诉我们，一切都是两难：做有做的好处，也有做的缺点；不做有不做的弊端，也有不做的好处。这种两难的设计，说来实在是中国古圣先贤的高明之处。因此中国人不会像西方人那样，说做就做，那种人成不了气候。我们在做事情之前会花时间认真思考，做很周全的盘算，然后才会出手，谋定而后动。那么，胡雪岩在他人生最得意的时候会怎么做？

了解胡雪岩的做法之前，我们不妨先做个测试：当有朋友问你，买股票赚了吧，你怎么回答？你说赚了不少，对方的脸色会马上变得很难看。有人凭着一知半解，会理解成是因为中国人容易嫉妒，见不得别人的好。实际上绝对不是这样，只是你自己不会回答而已。

如果有人问我炒股票赚到钱了吗，我别的不讲，回答的第一句话是：“我请你吃饭，因为我赚了一些钱。”你为什么不先说请人家吃饭，而先说赚了不少钱呢？中国人的想法都是：你赚了钱就该主动请客，难道还要我要求你吗？这么小气的朋友，不要也罢。所以不论得到什么好处，有人问起就应该二话不说，马上请对方吃饭，地点由他挑，吃几次都无所谓，这样你赚了钱，他也会为你高兴。胡雪岩懂得这种心理，他处处和周围的人分享所得，同行的事情也会尽力帮忙。所以当得到好处的时候，首先要想到别人，而不是只顾自己。现在很多人就是因为欠缺这种心态，所以总和周围的人相处不好。

胡雪岩说过一句话：有好处大家一起分享，有困难我一个人担当。这种话现在没人敢讲，因为我们很难做到。但是胡雪岩真的做到了。要冒险我去冒，要吃苦我来吃，有好处大家分！有这样的风范，才可能减少别人的嫉妒。当然我们后面也会看到，即便如此，很多的打击还是逃避不了的，我们接下来会讲到这些。

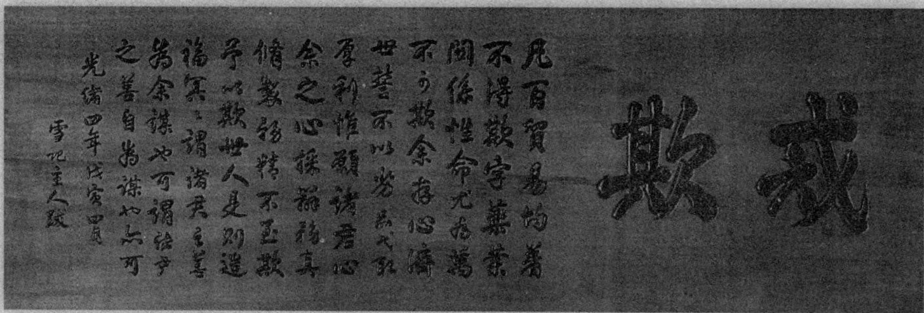

[第十三章]

德业传百年

“戒欺”匾额。胡庆余堂有许多牌匾，大多是朝外挂的，是给顾客看的，唯独一块由胡雪岩亲笔题写的戒欺匾是朝内挂的，面对坐堂经理，戒欺被尊为祖训，代代相传

经过几十年的奋斗，胡雪岩终于从一个穷困的放牛娃，变成了一位富可敌国的红顶商人。中国人讲究传承，功成名就的胡雪岩想为子孙留点儿东西，耗巨资修造了一座大宅院，但这座占地十余亩的长方形的大宅院，偏偏在西北角上缺了一小块，这是为什么呢？

除了修建了这座胡家大院之外，胡雪岩之后还盖了一座中药堂，取名胡庆余堂。胡庆余堂体现了胡雪岩独特的经营理念，在民间留下了许多神奇的传说。一百多年过去了，胡庆余堂不仅仍然保持着当年的风貌，而且依然传承着当年的规矩。胡庆余堂的正店，悬挂着一块大匾，上书四个醒目的大字：真不二价。在市场竞争激烈的现代社会，胡庆余堂这个百年老店还能做到真不二价吗？

中国人一生努力，一生奋斗，所求的到底是什么？大概我们只想做三件事情：为父母扬名、谋家人幸福、为自己积福。

我们没有说一定要为自己扬名，子女有了成就，有了声望，大家首先会认为是父母教导得好，这就为父母赢得了荣耀。胡雪岩的阜康钱庄享誉南北，受到慈禧太后的接见，成了大名鼎鼎的红顶商人，称得上是功成名就，光耀门楣。这算给父母扬名了吗？也不见得，但是他至少没有败坏父母的名声。

一个人不能只顾自己，中国人的家庭观念非常强，可以说人人都有家族主义的观念，所以我们除了给父母扬名以外，想到最多的就是要为家人谋求幸福舒适的生活，要为子女的前途提供一些基础的帮助。中国人向来有一种独有的观念，叫作好父兄。就是说做父母的，总要有些东西来支应儿女，这样才有权利要求他们；做兄长的，也要对弟弟有所帮助，这样弟弟才会恭敬顺从。父母对子女好，他们才不会在外面胡乱作为，败坏家风；兄长对弟妹好，才能树立长兄如父的威信。如果父母不尽责任，不管教自己的子女，任由他们自生自灭，这样的子女是很可怜的。同样，如果兄长对弟弟完全不理不顾，弟弟还会尊敬兄长那也成了怪事。有个儿子，不好好管教，就是害了自己全家。有个女儿，不好好教导，就是害别人全家。跟谁有仇，宠坏自家的女儿，然后嫁给仇人的儿子，他全家就都完了，大仇就得报了。

我们经常说修身、齐家、治国、平天下，这在西方人的眼中简直是不可思议的事情。他们无论如何都不明白中国人怎么就能从修身、齐家，一下就跳到治国、平天下上面去了。齐家真的有这么厉害吗？这是外国人经常问到的一个问题。因为他们不懂，中国的家庭不是像他们那样都是一个一个的小家庭，我们是三代同堂、四代同堂，甚至五代同堂的大家族。

我们中国人所说的齐家，是要把家族内的事情处理好，这可不是一件简单的事情。中国人的家族往往非常复杂，尤其是在那个时代，男人有妻有妾，胡雪岩妻妾成群，一家好几十口，自然免不了产生摩擦。一个大家长，如果能够将一个五代同堂的大家庭管理得井井有条，能够把家里的事情处理得井然有序，一定是一个非常了不起的人。能够齐这样的家，当然可以治国了。我们要按照中国的状况，来了解中国的道理，这样自然就能想通了。

中国人一方面替父母扬名，一方面替家人谋幸福，最后我们替自己做些什么呢？替自己积福。或许我们没有注意到，中国人年轻时不太喜欢享福，而是更习惯于一点点地累积福气，免得晚年太辛苦。我们常说，一个人不怕年轻的时候辛苦，怕只怕老来受苦。我们年轻的时候积福，到了晚年才可以享一点儿福，但更重要的是要把福气留给下一代。

胡雪岩也是典型的中国人，赚了钱自然就想到要建一座像模像样的宅子，留给后代。今天很多富人热衷于购买豪宅，实质上都是一样的。

修建豪宅

中国人讲究风水，要建宅院当然要选好地点。胡雪岩先请风水先生看好了一块宝地，位置临街，方方正正，所处的街道名字就很好，叫作元宝街。

地方选好了，胡雪岩又从京城请来知名的建筑设计师对宅院的布局结构进行了精心设计。整个宅院以中式传统建筑为主，既有江南园林的巧妙秀美，又兼具皇家宫廷的富丽堂皇，同时还借鉴了一些西洋的建筑元素，整个建筑中西合璧，典雅幽静。胡雪岩取父亲号“芝田”中的“芝”字，将花园取名“芝园”，以此纪念自己早亡的父亲。

芝园

中国人盖房子讲究方方正正，胡雪岩盖大宅院所选的地方，正好是一个巨大的长方形，可是宅院建好之后，却在西北角上缺了一小块，这颇与中国建筑的风水阴阳理念相悖。胡雪岩耗巨资盖这么大一座宅院，为什么要留下这么一个小小的缺憾呢？

原来芝园的西北角上住有父子二人，守着几间祖上传下来的房子，开了一家小理发铺，靠给人剃头为生。胡雪岩本来也想要重金买下这块地，可是几次前往，店主死活就是不肯卖。你神气，你有钱，我就是不卖，你能把我怎么样？

难道胡雪岩就真的没有办法吗？当然不是。按照胡雪岩当时在商界官场的地位，他可以利用官府的力量强征那块土地，把那家人赶出去简直是易如反掌。胡雪岩还可以天天找他们麻烦，不搬家就叫他们生意都做不成。胡雪岩甚至可以叫人晚上放一把火把那家的房子烧掉，这也不是不能的。可是，胡雪岩都没有这样做，所以从这一点，我们可以感觉到胡雪岩的修养是很不错的。

胡雪岩故居大门轿厅，正中悬挂同治御书“勉善成荣”匾额

一栋房子，是准备住个三五年，还是要住上百八十年，只要看当初建造时的用料就能知道。胡雪岩建造宅院，用的都是紫檀、酸枝、楠木等上等材料，并且有大量的砖雕、木雕、石雕等非常精美的工艺点缀其间，可以说是雕梁画栋、美轮美奂。除此以外，胡雪岩还添置了很多西方的新鲜东西。早在那个时候，他们家就有了电话，也有唱

盘，这在当时可是很时髦的。胡雪岩为什么这样？他就是要给家人一个舒适安逸的居住环境。这当然没有错。

胡雪岩费尽苦心地建造这个豪宅，原本是想要一劳永逸，想要让子子孙孙都住在这里的，但这仅仅是一种美好的愿望罢了。古今中外有这种想法的人没有一个人能够做得到，胡雪岩当然也不例外。

不知道大家是否想过，如果将来赚了大钱会不会也建座豪宅？其实全世界的豪宅命运都是一样的，最后谁都保不住。这些豪宅不是在主人的有生之年被拍卖了，就是被他们的子孙卖掉，再者就是后人谁都养不起，最后乖乖奉献给政府。在英国的时候，我看到很多贵族的后代，都将家族世袭的城堡无偿奉献给了政府，刚开始我还傻傻地以为英国人好慷慨，后来才知道是因为他们根本养不起，连税都缴不起，才只好交给政府。所以如果看得清楚就会明白，一切来自社会，最后是还给社会，谁都保不住。

胡雪岩破产以后，全家人只能搬离芝园，每个人都唯恐自己跑得不够快，受到牵连，谁还敢住呢？所以胡雪岩原本想要留给子孙住的豪宅，子孙根本住不了，留给子孙卖，子孙也卖不掉，最后只能是空放着。现在如果到杭州，去到元宝街，还依然可以看到这栋中西合璧的豪宅，只是物是人非，曾经风光气派的芝园已经成了故居，属于国家文物，不再归胡家所有。

建胡庆余堂

胡雪岩一方面盖下了这座豪宅，另一方面他考虑得很远，想到要给子孙后代留下些产业，而这就是胡庆余堂。我们可以讲得很清楚，胡雪岩如果没有胡庆余堂，我们就不会记得他，就算他曾经在幕后替左宗棠操盘，我们也会一笔勾销。但他有了胡庆余堂，大家看到胡庆余堂就会想到胡雪岩，这是他一生最了不起的功德。

胡庆余堂是一座中药堂，与胡雪岩的大宅院只有一街之隔，虽然是历经百年，但仍然保持着原来的风貌。胡雪岩为什么要建一座中药堂，又为什么要取名叫胡庆余堂呢?

庆余堂牌匾

在民间，关于胡庆余堂有许多传说的故事。一种是说胡雪岩的一位姨太太生病久治不愈，有人就笑他，说胡雪岩自家就有雪记药厂，还得去向别人家买药，那么有钱为什么不自己把姨太太的病治好呢?胡雪岩听了以后，一怒之下，便斗气自己建了座中药堂。另一种是说胡雪岩为了积德行善，看到很多穷人生病根本无钱医治，所以他除了施米施粥以外，还想给百姓施药，所以才开了家药店。当然，我们也可以设想胡雪岩的动机是为了给后代子孙留些不败的基业，同时给自己留下一个好名声。但是这些都是后人的猜测，真正的动机恐怕只有胡雪岩自己知道。

一个人要做一件事，他的动机是什么，没有人知道，只有自己心知肚明，别入都是猜的。胡雪岩为什么建中药堂无据可查，但是为什么给药堂取名胡庆余堂，我们倒是很值得说一说。

胡雪岩虽然读书不多，但是总能抓住书里的要点，这是他很幸运的一点。《易经》里面的一句话，胡雪岩记得最深刻，叫作“积善之家，必有余庆”。胡雪岩一生非常相信这句话，经常以此来告诫自己。中国人取名字第一个要好听，第二个要容易记，第三个要讨个吉利，这是必然的。所以此时他就想到要以此命名，给药店取名为余庆堂。

但是余庆堂的这个名字，却遭到了母亲金太夫人的反对，为什么别的名不取，偏偏要叫这个名呢？胡雪岩就告诉母亲，这是根据《易经》中“积善之家，必有余庆”的这句话想来的。金太夫人怎么说呢？她说好不好我不知道，对不对我也不知道，我只是想要告诉你，余庆这两个字被宋朝的宰相秦桧用过，你还要用吗？

这一句话就把胡雪岩点醒了。秦桧害死岳飞，千百年来为中国人所唾弃。我们不妨注意一下，从秦桧之后一直到现在，我们身边有叫桧的人吗？有叫王桧、李桧、曾桧、朱桧的吗？没有。如果你觉得没什么，给自己的儿子取名叫桧试试看。中国社会是非常有公义的，历史自有公论，不管你怎么样说，不行就是不行。所有关口都好过，老百姓的口关最难过。胡雪岩很清楚这一点，所以母亲一点，他也觉得不能这么用，于是就把这两个字颠倒过来，叫作庆余堂。

我们练字，人家问练的什么字体呀？说练柳公权的，没有话讲；说练王羲之的，也没问题；可是哪个人要说我练秦桧的字，那就完了。秦桧的书法非常好，但是中国人只要品德不好，字写得再漂亮都没有用。但胡雪岩偏偏不信邪，名字虽然没有用秦桧的字号，但是胡庆余堂匾额上的字，却是从秦桧写的字当中拼凑出来的。因为他有权做决定，没有人能改变，即便母亲也不好样样都反对。胡雪岩采用秦桧的书法，这是个败笔，很多事情不行就是不行，容不得有一点儿马虎。

旧照片中，穿戴旧式服饰的老药工正在“吊蜡壳”，制作“人参再造丸”

胡雪岩建胡庆余堂时，比建自己的大宅院还要用心。他将地点选择在商业繁华的河坊街，这里也是吴山农民进香的必经之路。胡雪岩认为要打响牌子，除了货真价实、服务优良外，建造一座气派门堂也十分重要。为了建好胡庆余堂，他甚至用上了慈禧太后准备重修圆明园的木材，这又是怎么回事？

原来清咸丰十年（1860年），英法联军打进北京，一把火将圆明园烧了个精光。逃往热河的咸丰皇帝吓破了胆，一命呜呼。后来同治接位登基，他的母亲慈禧独揽大权，垂帘听政。同治帝心有不甘，但敢怒而不敢言。后来有人给同治出主意，重建圆明园。一则自己可以享受一番；二则可以借重建圆明园，让慈禧太后远离朝政，摆脱她的干涉，少受些管束。开始慈禧太后并不知道缘由，所以十分高兴，后来有人道破了同治的用意，她这才明白过来，马上下令停工。如此一来，重建圆明园所购置的木料也就闲置了下来。后来经人从中穿针引线，胡雪岩竟然把那些很珍贵的木材运到了杭州，用在了胡庆余堂的建筑上。所以直到现在，胡庆余堂还是有模有样。

清同治十三年（1874年），在胡雪岩五十一岁这一年，胡庆余堂竣工建成。药局建好之后，胡雪岩开始招聘主管人员，前来应聘的人很多。有的说自己三年之内就能收回成本，有的说自己有办法快速赚钱。对于这些人，胡雪岩一律不用。那么，胡雪岩要用什么样的人呢？

胡雪岩跟一般的商人不同，他爱国、爱人、爱本业。大部分的商人都是我赚我的钱，国家的事情自有别人去管。但胡雪岩却不是这样，他始终认为商人之利与国家之利可以相得益彰。从胡雪岩义葬施粥，救济穷人的举动，我们也可以看出他关心民众疾苦，堪称有爱人之心。所谓爱本业又是什么？就是说他始终认为医药这个行业是用仁心、施仁术，而不是为了赚钱的。所以从建立药堂之初，胡雪岩就没有把它当作是赚钱的买卖，而是当作一种善举，因此对那些重利轻义的人他当然不会录用。

正在胡雪岩为药铺掌柜的人选一筹莫展之时，机缘巧合之下他碰到了一个叫余修初的人。余修初第一句话就讲，做药业不比开当铺，这句活一下就打动了胡雪岩的心。接着余修初又说，开药堂要有仁心仁术，当以救人为第一，不能靠它赚钱。胡雪岩认为这正是自己要寻找的人，马上请余修初来主持胡庆余堂。

胡庆余堂的经营之道

胡庆余堂不但是百年老店，而且是百年名店。做百年老店比较容易，中国历史这么悠久，要找几百家百年老店都不难，但是要找百年名店，就不那么简单了。有句公认的话，叫“北有同仁堂，南有庆余堂”。胡庆余堂到现在依然存在，而且跟老字号的同仁堂齐名，既是老店又很有名，所以才能称得上百年名店。徒有其名不可能传承久远，胡庆余堂之所以能够传承百年，关键还是因为胡雪岩那种爱国、爱人、爱本业的精神一代代流传了下来的原因。

胡庆余堂开业后的第一件事就是免费施药。胡雪岩早有打算，要先赚人气后赚钱，先把顾客群拉过来，然后再推出货品，而不是推出货品以后再去打广告。因为刚开业还没有知名度，很多人都不知道，更不敢随便来买药，于是他就先送药，送久了知道的人自然就多了，人们慢慢对胡庆余堂就有印象了。开任何行业的商号，都要有回收成本的概念，只有做药是个特例，要有先赔三年的准备，如果没有赔三年的本钱，最好不要做药。胡雪岩从开始就下定决心，先赔上个三五年没关系，可见他的眼光是非常长远的。

在送药的同时，胡雪岩还出资在钱塘江建码头，设立义渡。因为那时钱塘江面上没有桥，人们都是靠轮渡过江。虽然渡船的价钱不是很高，但是对老百姓来讲也是一笔开销，胡雪岩设立免费的轮渡，百姓当然是求之不得。至于施茶施粥，这些胡雪岩一直也没有停过。

胡雪岩的这些做法和用钱来做广告相比哪个比较实在？当然是他做的这些比较实在，得到好处的人心里面会记住，还会告诉周围的人，这样一传十，十传百，自然就有口碑了。胡庆余堂有了好口碑，加上疗效显著的好药，自然客户就来了。

如果有机会去杭州看看胡庆余堂，你就会发现，它的建筑跟一般药店的不一样。有的药店，生怕别人不知道是干什么的，所以门开得很大，招牌也挂得十分显眼，只要顾客进门以后，开门见山就问，你要买什么药？老实讲，自己或家人没有病，谁也不会去药店，所以去那里的人，心情不会是愉快的。胡雪岩懂得这些，他将胡庆余堂环境布置得很优美，有长廊，有水池，有很多休息的地方，走累了可以坐下来歇歇脚，这样，顾客紧张的心情一下就放松了。进去以后，店里的服务也很不一样。店员不会一进门就讲欢迎光临，开药店讲这种话用意何在？所以他们会很关心的同顾客聊天，你最近身体怎么样了？是不是好一些了？即便什么都不买，进来坐坐，喝口茶也欢迎。这样给人的感受与其他药店是完全不一样的。

这些用今天的话讲就是硬件和软件，胡庆余堂不光硬件设施比别人好，软件服务也是别人永远赶不上的。一个人被人家问，总是不舒服的。最会做生意的人，不会开口就问客人要买什么，而是先和顾客拉近距离。看到妈妈带一个小女孩进来，先跟小女孩说："哎呀，你真乖，身上衣服是谁买给你的，真漂亮……"这样说，就使得妈妈很开心，自然就会掏钱，而且也不还价。眼睛只盯着妈妈的口袋，那算什么呢？凡是满脑子都是钱的人，一辈子赚不到钱。

在胡雪岩的用心经营之下，胡庆余堂的知名度越来越高。有一次，一个年轻的书生因为考中举人，欣喜若狂，居然疯了。十年寒窗

胡雪岩的启示	商业竞争的成败，最终决定在经营者本身的修养上。

苦，一朝得了功名却变成疯子，实属家门不幸，他的父母真是痛心得不得了，于是就慕名前来胡庆余堂诊治。胡雪岩得知后，问坐堂的大夫，这种病能治吗？大夫说能治，但是没有药。原来，治这种病的药中有一味原料毒性很大，处理过程如果掌握不好，极有可能会吃死人，万一家属因此赖上药店，就要吃官司赔钱，所以很少有人愿意冒这种风险。

胡雪岩却不是这样想，他说一定要做，我们开药堂就是要治病救人，不能因为有风险就不做事情了，更不能因为怕吃官司就见死不救。这就是义跟利的不同。可是底下人还是都说不能做，因为太冒险。于是，胡雪岩亲自把药工统统请来，给他们一个一个端茶，说不管有什么困难，救人第一，一定要做！最后真的成功了，那个年轻人因此就得救了。

为什么别人不敢做的事情，胡雪岩就敢做？为什么别人做不到的事情，胡雪岩就能成功？服务顾客的心态，胡雪岩老早就懂得，但明白这些的人也绝非胡雪岩一人，又凭什么他就能成为商圣呢？其实很简单，最后是决定在他个人的修养上面。商业竞争，刚开始是货品比人家好，价格比人家合理，场所比人家堂皇，但是最后成败还是决定在经营者本身的修养上。

胡雪岩爱国、爱人、爱本业的精神我们可以从胡庆余堂中领略到很多。

一百年前的原胡庆余堂产品“阿胶”

胡庆余堂的二门背面，上刻“是乃仁术”四个字，这正是胡雪岩的开店宗旨，他把药业看作是普济众生的事业。在店堂正中挂有“庆云在霄甘露被野”“余粮访禹本草师

真不二价匾额

农”及“益寿引年长生集庆”“兼收并蓄待用有余”两副对联，并且巧妙地把“庆余”两字用在两副对联的首尾。非常值得一提的是，在两副对联的正中，有一块大匾，上书四个醒目的大字——真不二价。这又是什么意思呢？

原来，自从胡庆余堂开业以后，老百姓看病买药几乎都到胡庆余堂，其他药店的生意自然就越来越清淡，于是他们就开始降价，想用价格把客人拉回去。胡雪岩的干部就不免有些紧张了，跟胡雪岩建议把胡庆余堂的药价也降下来，跟附近的药房搞价格竞争。胡雪岩却说：“我们真不二价，绝不降价！”胡雪岩解释说，真不二价倒过来念就是价二不真。其实，他并不是一定要真不二价，而是要让客人明白价二不真，也就是说如果药价太低，是买不到真药好药的。药是人命关天的事，顾客买到真药最重要，谁会贪图那点儿便宜呢？所以，胡雪岩不是将真不二价强加给客人，而是让客人明白价二不真的道理，可见，他很会抓住人真正的心理。

胡庆余堂内外各种招牌、楹联、匾额五十多块，都是挂向外面给顾客看的。唯有一块“戒欺”匾是朝向里面挂的。胡雪岩亲作跋文：

> 凡百贸易均着不得欺字，药业关系性命尤为万不可欺。余存心济世，誓不以劣品弋取厚利，惟愿诸君心余之心。采办务真、修制务精，不至欺予以欺世人，是则造福冥冥，谓诸君之善为余谋也可，谓诸君之善自为谋也亦可。

其中“采办务真、修制务精”这两句话可以说是胡庆余堂的八字真经，胡雪岩说到做到，这是最难得的。为买到真材实料，胡雪岩规定要到全国各地坐庄办货。如到陕西办当归、党参、黄芪，到四川办杜仲、川贝、黄连，到东北办人参、虎骨、鹿茸，不能有一点儿差错；在制造的过程中，严格遵守工艺流程，讲求精工细作，决不允许偷工减料。他不惜工本铸成金铲银锅，以此确保药品质量。炮制大黄要九蒸九晒，每个细节都不能马虎。生产“人参鳖甲煎丸”，从来不用已经死了的甲鱼，都是现用现杀。店堂内还设有一只大香炉，平时供顾客点吸旱烟，如发现不满意药品，可随手丢入香炉焚毁，另配满意的药品回去。

义利相济不是嘴巴上讲讲而已，如果胡雪岩嘴上说一套，而实际做另外一套，我们根本看不起这样的人。正是因为他讲求诚信，表里如一，所以杭州城的百姓都叫他胡先生，胡大侠，胡财神。胡雪岩死了那么多年，现在到杭州试着跟人提起胡雪岩，每个人都会说这个人很了不起。人生最大的价值，就是死了以后，还会被人们怀念，被人提起以后，都会从心里头说一声，这是个好人！这就够了！胡雪岩就做到了这一点！

精神得传承

一百多年过去了，胡庆余堂现在仍保留着腊八施粥的传统，每逢端午节还会向客人施香袋，一年四季在药店内免费供应保健茶水。胡庆余堂的口碑历经百年，长盛不衰，很多员工一家三代、四代都为其服务，因为他们觉得能在这样的地方工作是一种荣耀，一代一代的经营者将胡庆余堂爱国、爱人、爱本业的精神传承至今。一种精神，现在叫作经营理念，要真正能够传承下去，事业才能长久发展，否则的话，徒有其名，虚有其表是没有任何意义的，更不可能传承久远。

胡庆余堂现在的董事长叫冯根生，祖上几代人供职于胡庆余堂。2003 年“非典”的时候，金银花、野菊花等中药原料因为供不应求，

胡雪岩的启示	同样一块石头，可以成为你的绊脚石，也可以成为你的垫脚石。

进货价格飞涨。面对每天蜂拥而来买药的市民，冯根生董事长毅然决定，即便原材料再怎么上调，抗“非典”的药也一分钱不涨。他说当年江南流行大瘟疫的时候，胡雪岩带领胡庆余堂的药师研制出“癖瘟丹”，开仓放药，救百姓于水火，今天的胡庆余堂不会丢掉这种爱人的精神，所有有利于预防“非典”的药品一律赔本让利出售，由企业承担亏损。而这，正是胡雪岩精神在胡庆余堂最好的传承。

绊脚石与垫脚石

“人无远虑，必有近忧”，这是我们经常听到的一句话。世间没有一个人会万事如意，胡雪岩当然也不例外。他一生当中只有一段时间是没有烦恼的，就是从出生到八岁的那段光阴。那时候，虽然家里很穷，父亲身体又不好，生意也很惨淡，但是他的童年生活却是快乐的。因为绩溪那个地方风景很好，文风鼎盛，乡里人相处得很和谐，所以他根本不知道烦恼为何物。但是，人总是要长大，总要接触外面的世界，因此遇到问题也就在所难免。这些问题就像是挡在人生道路上的一块巨石，关键看你以什么样的心态去对待，因为同样的事情，可能成为你前进的阻力，也可能成为你前进的助力。

当你把问题看成绊脚石的时候，你就开始烦恼了，因为它会阻碍你的前进。你去跟它对抗，可能会被绊倒；你想把石头搬走，自己也会被累得精疲力竭。但是，如果你把它看成一块垫脚石，就很容易踩着它，达到一个新的高度，然后就可以看得更远。

因为家境困难，胡雪岩八岁就开始给人家放牛了。看到其他的孩子读私塾，他没有抱怨为什么别人家那么有钱，我们家就这么穷。他觉得别人在里面读书，我在外面听听也不错。他替人家放牛，也不会抱怨为什么家家都有牛，还可以找人放，而我们家就没有。他觉得每

胡雪岩的启示	钱财是人生要面对的第一块石头。

天去放牛也无所谓，怎么样都是好的。其实就是这么一个心境的改变而已。

你怎么看待钱财？很多人没有钱的时候不会出事情，一有了钱反而出问题，这就是过不了钱关。老天对每个人都是公平的，设置了很多关卡来考验每一个人，他总会不断地在你面前摆放石头，看你怎么去对待。胡雪岩在放牛的时候，捡到了人家遗失的一大包金银财宝，这对于一个穷苦孩子来讲，实在太有诱惑力了。胡雪岩如果把它当作可以改变自己命运的东西，如果他当年把那包金银财宝拿回家去，那就成了他一生最大的绊脚石，他非摔跟头不可。他规规矩矩还给人家，人家拿东西要感谢他，他也不要，这就变成一块垫脚石。有了这块垫脚石，他就能跨上去，就有机会可以走出家门去当学徒，就改变了自己的命运。

胡雪岩当学徒的时候，如果拖拖拉拉，不叫不到，能偷懒就偷懒，那就是典型的绊脚石。许多当学徒的，老板叫我东我就东，叫我西我就西，自己从来不动脑筋，最后是一无所成。胡雪岩格外珍惜这个机会，什么事情做得都比别人卖力，教我的我去做，没有教我的，看别人做我也学着做。别人都睡觉去了，他还在那里练毛笔字，练算盘，这样就变成一个垫脚石。

但是也就是因为这样，很多闲言碎语就随之而来了：你替老板倒尿壶，替老板买早餐，不就是想要讨好老板吗？同样当学徒，你做这么多的事情，不是要害死我们吗？这是到处都可以碰到的事情，但是一个人千万要记住，你只问自己要不要做就好了，不要太在乎别人怎么说。

胡雪岩的启示	你只需要问自己，应该不应该做，而不要在乎别人怎么说。 你比别人优秀，就可能遭受攻击，此时要格外小心。

我们中国是阴阳文化，要说你好，他可以讲一百个道理来说你好；要说你坏，同样可以讲一百个道理来否定你。为什么中国人很多事情不太容易沟通？就是因为我们道理太多，所以经常听到一些歪理，你也拿它没有办法。面对这些冷言冷语，胡雪岩都不计较，他认为做好自己的事情才是最重要的。

胡雪岩到了杭州阜康钱庄以后，做事更加的认真了，因为他已经定下志愿，这辈子都不离开钱庄这一行，在他认为钱庄是最好的行业。他万万没有想到的是，二十七岁的时候，于老板把整个钱庄的资产都送给了他，这样他看似无缘无故平白就当上了老板。这时周围的谣言更加满天飞了，有的说他经常作假蒙骗老板，使得老板以为他很可靠，才会把财产交给他；还有的说他勾结王有龄，胁迫老板把财产转移给了他，反正什么话都有。胡雪岩大概也听过《易经》的道理，《易经》的乾卦告诉我们，除非你不得志，别人才不会攻击你；只要你稍微有一点儿成就，就会成为众矢之的，就是大家攻击的目标，应当格外小心警惕。其实胡雪岩一路走过来，只要得到一点儿好处，马上就会有很多人攻击他，但他都不在乎，只是更加努力去做好自己。

胡雪岩做了阜康钱庄老板以后，这块石头就更大了。他如果就天天守着钱庄，派一些伙计出去办事情，然后回来一一考核：你到底有没有赚了我的钱，你到底有没有亏了我的银子，那他就完了。一个人得到好机会，如果处理不得当的时候，它往往是一块绊脚石，最后就把人砸死了。

舍得舍得，有舍才能得。该丢的东西就要丢，不要什么东西都抓在手上，那就叫作舍不得。舍不得就得不到。胡雪岩得到钱庄后，把它当作是继续发展的垫脚石，而没有被它所牵绊，这是他一生最了不起的一点。其实他舍不得也没有用，因为太平军很快就打进了杭州城，财产被查封，他一下什么都没有了。丢了的就丢了，有什么了不起？这期间他在外面做了很多事情，结识了左宗棠，很快就在上海成立了一家新钱庄。

一个杯子如果是空的，什么东西都可以装，但是如果里面装满了酒，舍不得倒掉，其他东西就装不进去了，那么这个杯子也就没有什么用了。所以，一个人得到很多东西就死守着，非要跟它共存亡，它就是你的绊脚石，你就不会再有发展。很多人始终看不透这一点，以为好处就是好处，既然抓在手里就舍不得放弃了。好与坏都不是绝对的，好处就是坏处，坏处就是好处，关键要看你怎么对待。

得到胡雪岩帮助的王有龄知恩图报，当然会尽心尽力地帮忙。但是，如果王有龄跟胡雪岩两个人营私舞弊，赚到钱你分一点儿，我分一点儿，那就是十足的绊脚石，一定不会有什么好下场。胡雪岩没有这样做，他跟王有龄合作，不是完全为了自己私利。这么一来，王有龄就成了他的垫脚石，把他一捧上去，他就跟左宗棠接轨了。如果他栽在王有龄这一关卡上，那就没有办法跟左宗棠合作，更别说以后的发展了。

胡雪岩和王有龄很有默契，关系发展得非常好，但是王有龄却那么快就死了，这让胡雪岩很伤心。但如果胡雪岩只是伤心，只是烦恼，甚至要跟王有龄同生死共存亡，那么他这辈子也不会有什么出息。

胡雪岩是会读书的人，虽然读的书很少，但是《三国演义》《孙子兵法》里面的要点他都能够领会，并能够应用在实际生活当中。《三国演义》中，关公一死，刘备只知道哭，根本没有心情跳出来想别的事，所以后来整个蜀国都完了。但胡雪岩知道，一个人光是伤心是没有用的，既然王有龄是为了守杭州城而死的，自己就要完成他的遗愿，要收回杭州城，使它恢复原貌，这才是自己该做的事情。这

胡雪岩的启示	把工作当成负担，它就是绊脚石；把工作当成责任，它就是垫脚石。

样，王有龄的死就成了胡雪岩奋进的动力，成为了一个名副其实的垫脚石。

一块大石头，你第一眼看到它的时候，千万不要去踢它，因为你踢不动它。踢石头的人是最笨的，一定会自己痛得要命，石头却无动于衷。但当你要去踩它的时候也要小心，因为万一踩不住掉下来，后果也是很严重的。所以，一块石头你要把它变成绊脚石，还是变成垫脚石，就看你自己怎么去拿捏，这个拿捏的分寸非常重要。我们用一个字来讲，就叫作"度"，掌握这个度很关键，过犹不及，如果拿捏不好最后都是绊脚石。

左宗棠这块石头不知道比王有龄大了多少，按理说胡雪岩是爬都爬不上的，可是他居然也有办法把左宗棠也变成自己的垫脚石。用今天的话说，这叫作站在巨人的肩膀上出发，一开始就高人一等了。胡雪岩虽然帮了左宗棠的大忙，得到了左宗棠的赏识和信任，但是对于左宗棠，胡雪岩始终保持一定距离，因为左宗棠毕竟是朝廷重臣，如果在别人面前跟他太过亲近，不免会被人说三道四，这是非常不利的。胡雪岩很懂得这一点，所以在处理与左宗棠的关系上，他非常谨慎，在度的方面拿捏得十分准确。

左宗棠一直在外边打仗，总是不断地给胡雪岩提出这样或那样的要求，胡雪岩从不抱怨，交代的事情也总是尽全力去完成，没有把这些看作是自己的负担。一个人如果把工作当成负担，一定会很烦恼，工作做不好，自己也不开心。但如果把工作当作是自己本来就应该要做的事情，只怕自己做不好，而不是去埋怨任何人，那工作就是他最大的垫脚石。这个观念影响了胡雪岩的一生。

胡雪岩最后败得很惨，是什么原因？他败给了自己放置的一个小石头——在贷款时多报了利息。这个小石头看起来很小，但是当胡雪岩越走越高，越走越快的时候，这个小石头的作用也越来越大。一个从高楼上掉下的铁钉会穿透厚厚的钢板，一只不起眼的小鸟能撞毁高速飞行的飞机，都是这个道理。

当他看惯了大石头以后，往往就会忽略那些小石头，这也是我们要小心的。大石头固然有用，小石头也不能轻视。当一个人太过专注于看大人物的时候，就会在不经意间得罪了小人物，而最后恰恰就栽在了小人物手上。

[第十四章]

阴沟能翻船

胡庆余堂通往大堂的回廊

胡雪岩在五十多岁时，走到了他人生最辉煌的顶峰。然而，当时大清朝的两位重臣，左宗棠和李鸿章的明争暗斗却越来越激烈。李鸿章发现，左宗棠之所以能够屡立战功，都与胡雪岩的大力支持密切相关，于是他提出：倒左先倒胡。

胡雪岩为打破洋人对蚕丝市场的垄断，出巨资高价收购了大量蚕丝。然而，李鸿章的人却采取多种手段，将胡雪岩一步步逼入困境，同时还设法把胡雪岩向外国银行贷款时多报利息的事情抖搂出来。慈禧太后得知此事大发雷霆，下令查抄胡雪岩的家产。胡雪岩毕生积累的万贯家财，就这样灰飞烟灭。

虽然胡雪岩最终成了派系斗争的牺牲品，但如果他自己没有留下任何把柄，李鸿章的人也是整不垮他的。那么我们从胡雪岩的失败之中，又能得到哪些教训呢?

古今中外，每一个人的结局都是一个样的，那就是四个字——不了了之，都是如此，无一例外。

再伟大的科学家最后是不了了之，赚再多钱的商人最后是不了了之，权位再高的官员最后同样也是不了了之。这是什么意思？就是没有一个人能把自己所有想做的事情全都做完后才死掉。只要人活着，就永远有事情，一个接着一个，一个接着一个，永远都做不完。就算你不想做也会有不想做的事情出现，最后都是算了，不了了之地走了。

那样人不是很消极吗？反正都是不了了之，还讲那么多干什么呢？不是这样的。或许有人会说，我们一再说，中国人讲阴阳思想，任何一个东西都会有两种解释。有一种人死的时候，眼睛睁得大大的，叫作死不瞑目；还有一种人死的时候，眼睛很安详地闭起来，叫作心安理得。所以同样是不了了之，却有两种分别，一种叫作死不瞑目的不了了之，一种叫作心安理得的不了了之，可见同样是不了了之，却又是很不相同的。

中国人一生一世所追求的就是心安理得的不了了之。我们把它浓缩成四个字，叫作求得好死。所以，人一生最好的结局就是求得好

胡雪岩的启示	古今中外，每一个人的结果都是一个样——不了了之。

死。我们骂人骂得最难听的话，就是说这个家伙不得好死——只要不得好死，这个人一辈子做过的事情就都完蛋了。我们千万不要小看中国人口中的那些俗语，那都是经过了几千年检验的，它的寿命比我们每一个人都长，都是非常有哲理的。

胡雪岩死的时候，他会怨天吗？他会尤人吗？他临终的时候，已经没有什么力气了，但他还是告诉家人，说我是被一个人害死的。这个人是谁我们不会去讲，什么道理？因为害胡雪岩的如果是几千年、几百年之前的人，他的后代已经扯不清了，我们可以讲，但现在不过才一百多年，如果把这个人说出来，胡雪岩的后代们一听，原来是你害死我祖先的，那不糟糕了吗？我们少做这种事情，而且知道是谁也没有必要。

胡雪岩心里很清楚，因为中国人死没有关系，但不能不明不白的死，是谁把我害死的，必须搞明白。这个人是谁？他是李鸿章的手下。胡雪岩一帆风顺，可以说是飞黄腾达，但最后被人害得很惨。

成也靠山　败也靠山

胡雪岩人生的最高峰，都是他的大靠山左宗棠带给他的；胡雪岩从最高峰跌落，也是从左宗棠的败落开始的。左宗棠不垮，胡雪岩不会那么快出问题；左宗棠一垮，靠山没有了，胡雪岩孤立无助，问题就出现了。

左宗棠为什么会垮？就是因为他的一句话把自己搞垮了。左宗棠把新疆收回以后，对于清廷功劳是很大的，被封为侯。侯再往上去就是王，清朝规定汉人是不能封王的，所以身为汉人的左宗棠已经被封到顶了。

左宗棠调回北京后，当上了军机大臣。东太后突然驾崩，李连英去给每位要员分发丧礼要穿的麻衣。当送到左宗棠这里时，左宗棠问怎么回事。李连英告诉他，东太后驾崩了。左宗棠说不应该啊！怎么会这样呢？然后他千不该万不该又说了一句：我昨天看到太后还是好好的！

就是这句话，被李鸿章见缝插针地传给了西太后慈禧。左宗棠身为军机大臣，又在皇宫里面，讲这种话实在是太不合适了。东太后死了，他说不可能，这什么意思？西太后心里自然会想：你左宗棠是不是认为是我把东太后害死了？于是，慈禧一怒之下，找了个理由就把左宗棠调离了北京。一个人因为自己的一句话而害死自己，我们自古以来有太多这样的教训。

当时，李鸿章准备把左宗棠打垮，他的第一目标就是先要把胡雪岩打垮。因为没有胡雪岩的支撑，左宗棠也是办不了事的。

说到这里，大家一定会想到，中国人很喜欢内斗，我们对外国人还比较客气，当时清政府那些人，看到外国人都很客气，可是对自己人为了派系的利益，却斗得你死我活。中国人从黄帝开始就总是内讧，连黄帝都杀他的弟弟，打他的弟弟。这是什么道理？一句话就讲完了：正因为你是我的弟弟，你不听话我才会打你。隔壁的外姓人，他不听我的话，我没有必要费力去打他，因为他和我不是一家人。既然我们是一家人，就要一致对外，怎么可以不合作呢？所以中国人一定先安自己的兄弟，安自己的家里，然后再一致对外。

很多道理我们说清楚以后就会知道，我们的民族性是有根据的。中华民族是全世界最讲道理，也最懂得道理的民族，我们一切都是按照道理在发展。外国人千里迢迢来到这里是做客，我们希望他们对这里印象好，回去以后替我们传播好名声，所以对他们都是客客气气。我们自己人就不应该这样了，自己人天天在一起，不知道规矩怎么行？所以我们往往对自己的人要求会比较严格，对外人会比较宽松，根本不可能是同样的待遇。

纵观那个时代，我们可以发现，当时李鸿章的部属对洋人都是毕恭毕敬的，李鸿章自己看到洋人也好像是看到贵客一样。可是，他对左宗棠却是怎么看怎么不顺眼，并且非把左宗棠斗垮不可。这下正好，左宗棠祸从口出，被调离了北京。一旦离开了权力中心，脾气耿直的左宗棠似乎更不是李鸿章的对手，逐渐败下阵来。

三管齐下 重压难扛

当左宗棠越来越走下坡路的时候，在他人的精心谋划下，胡雪岩也逐渐遭遇到三种压力的挤压。这三种压力的任何一种，施加到普通商人身上，都会是灭顶之灾。三种巨大的压力同时向胡雪岩压来，像三座大山一样，让他没有喘息的机会。

第一个压力来自于蚕丝。大家都知道，胡雪岩涉足很多行业，几乎都很赚钱，钱庄很赚钱，茶业也赚钱，这些以商业方式运转的行业盈利状况都很好。我们称胡雪岩为“商圣”也即因为于此——胡雪岩所有以商业方式运转的项目都盈利。但唯独蚕丝行业，是胡雪岩投入本钱最多，却没有按照商业规律操作的一项业务。用现在的话讲叫：没有在商言商。

自古以来，外国人就很喜欢我们中国的丝绸。鸦片战争以前，各国都是以相对公平的方式在中国进行蚕丝贸易，至今仍有丝绸之路的遗址在见证着那段光辉的历史；1840 年以后，各个以文明著称的国度，用枪炮打开清朝的大门，把鸦片送进来之后，就开始为所欲为，大肆掠夺，想拿什么就拿什么。一开始是清朝的银子，后来他们发现把蚕丝拿回去更好，因为除了鸦片的黑心利润外，蚕丝运回欧洲的贸易利润也相当可观。按说这两头赚钱的生意已是无可挑剔，但是他们的欲望是无止境的。人一旦失去了制约，就会肆无忌惮。所以，外国的商人想到要垄断中国的蚕丝贸易，赚取更多的利润。

外国商人垄断了中国的蚕丝市场，把蚕丝的价格压得很低，使得蚕农非常辛苦，却赚不到什么钱。在外国人垄断最厉害的时候，江浙部分蚕农一年的收入，都难以维持一家人半年的生活。

在这种状况下，胡雪岩挺身而出：这样不行！你们外国人欺负到我们头上了！于是，他联合蚕农，收购蚕丝。外国人四两银子买，胡雪岩就出五两，并号召大家不要把蚕丝卖给外国人。初期，外国人还可以忍受，因为胡雪岩的收购规模尚小，但随着他投入资金的增多，外国人甚至都买不到足够的蚕丝供他们国内的工厂开工了。

这一年，胡雪岩又是一千多万两银子的蚕丝在手。急了眼的外商前来谈判，但仍然想以垄断价格买蚕丝。胡雪岩当场对外商说："中国有一个字，两个山，一个山上又一个山，你知道是什么意思吗？"外商当然听不懂，但翻译一听就明白了：下面一个山，上面再加一个山，那就是"出"，胡雪岩这是在下逐客令！

胡雪岩竟然用两个"山"，当场把外国人赶了出去！

身材瘦小的胡雪岩，面对人高马大的外国人，从来不觉得自己比他们矮半截，他毫无惧色：你欺负我们同胞就是不行！其实胡雪岩这样做也是有点儿自不量力的，因为当时来中国做生意的外国商人，后面都有一个船坚炮利的政府在支持他们，凭胡雪岩一个人，又怎么可能跟整个政府去对抗呢？但是即便如此，我们还是十分佩服胡雪岩，他知道自己做不到，可该做的事情还是要去做，这叫什么？就是明知不可为而为之。胡雪岩就是要让外国人知道，中国人是不会任由你们随意垄断我们的市场，压榨我们的同胞的！

由于胡雪岩出的价格高，蚕农当然不会再将生丝卖给洋人，收不到蚕丝的外国商人急得如热锅上的蚂蚁一样。在这种情况之下，居然有清朝的官员来告诉洋人：你们放心，我迟早叫胡雪岩把蚕丝便宜卖给你们。我们已经同英国政府交换条件了，只要将汇丰银行的经理调回国去，蚕丝的问题我给你们解决。

居然有这样的官员，可见清廷是多么腐败！

这固然是打击胡雪岩最致命、最有效的办法，因为汇丰银行的经理回国，必然会使胡雪岩贷款时拿回扣的事项败露。但不管怎么说，此时的胡雪岩都是在为民族、为同胞扛着一份责任的……

胡雪岩并没有意识到问题的严重性，他仍坚持不把蚕丝低价卖给外国人。可是一千多万两银子的蚕丝压在那里，光是请工人翻晒一遍，都是不得了的费用，因为如果长久不翻，蚕丝就会发霉变黄，就不能用了。但对手似乎在等待的，就是这个时机。

第二个压力来自清政府借汇丰银行的一笔快要到期的四百万两银子的贷款。因为胡雪岩是代表清政府去借的款，清政府把还款的任务落实到各个省里，相应各省税收银两征收上来以后，统一汇到上海，然后由上海的衙门代表清政府还给汇丰银行。

眼看四百万两贷款就要到期了，银子也已经由各省汇到了上海，就在准备要还款的时候，李鸿章突然下命令给上海的官员，冻结了这笔款项，暂不偿还汇丰银行。李鸿章不还贷款的目的，就是要让胡雪岩资金周转不灵。平常如果从阜康钱庄抽出四百万两银子，也不是特别困难的事。但是此时，上千万两的银子投在蚕丝上面动弹不得，这四百万两就成了一个不可能完成的任务。胡雪岩是这笔贷款的担保人，清政府还不上的时候他必须垫付，这种压力可想而知。

其实就压力本身而言，四百万两银子事小，但是一旦胡雪岩还不上贷款的名声传出去，对他的打击将是致命的，因为他的商业帝国大都建立在良好的信用之上，一旦信用出了问题，后果将不堪设想。

而这一切，都是对手精心制造的。

胡雪岩的启示	人的一生，不要留任何把柄，否则迟早变成致命伤。

还有第三个，相信各位一定知道，那几乎是没救的——就是对手想尽办法把胡雪岩向英国银行贷款时拿回扣的事情抖了出来。赚朝廷的钱，这足以置胡雪岩于死地。

可以试想，慈禧太后得知胡雪岩从中赚取朝廷的钱，一定会想：你胡雪岩赚别人的钱算你有本事，可你竟然敢赚我大清朝廷的钱？简直是不知死活。接下来一系列的事情，都证明慈禧太后确实就是这样想的。所以我们这里讲一句话：人的一生，最好不要留下任何把柄，否则迟早变成你的致命伤。

如果胡雪岩没有把柄，左李派系之间再怎么斗争也斗不垮他。所以胡雪岩不能怪任何人，要怪只能怪自己。如果当时他没动这个脑筋，辛苦一点儿是可以熬过去的。他赚那些回扣，当时看起来是应该的，他理直气壮：这些钱不是放进我的口袋，而是拿来继续做公家的事情。话虽然可以这样说，但别人不可能听进去。因为大家会想，你的豪宅，你那么漂亮的药店，都是你胡雪岩辛辛苦苦赚来的吗？是不是跟那些回扣有关系呢？他挡不住别人的怀疑。

以我几十年研究判断，胡雪岩最后还是心安理得的。虽然他当时的动机是为公不是为私，虽然胡雪岩可以讲出一大堆理由，但是最后他还是被当作侵占公款来处理。一个人如果侵占公款，那是一辈子都跑不掉的，所以他也认了。

挤兑引祸端

在对手的精心设计下，三种巨大的压力几乎同时压向胡雪岩，他如同被三座大山压顶，一下子动弹不得。一个被压得不能动弹的巨人，此时只要有一点点外力，就能轻而易举地将他推倒。这种外力，看起来是那么轻，轻得平时他都从来不会想到。

此时，胡雪岩最担心的事情终于发生了——对手派人去上海阜康钱庄挤兑。

钱庄最怕的就是挤兑，所有储户一时间都要把款提出去，钱庄不可能有那么多现金，只要钱庄供应不了，储户必然会人心惶惶。本来是很相信钱庄的人，本来不想来提款的人也都会赶来提款，恐慌的储户一下子就把柜台挤垮了。随后，各地的阜康钱庄都相继发生挤兑事件。

中国有一句老话：牵一发而动全身。一张渔网，如果扯破一条线，不及时修补，整张渔网就会很快破掉。对手会利用人心的恐慌，鼓动储户都来挤兑，而阜康钱庄一时间根本拿不出这么多现钱来，储户拿不到钱，就更加疯狂地挤兑。就这样，胡雪岩辛辛苦苦建立起来的商业网络，在一夜之间就被撕破了。

在这个挤兑狂潮中，老百姓不明就里，执意要取出现银，阜康钱庄因为蚕丝等业务的影响，款项周转不回来，付不出现银而倒闭；往日的商业合作伙伴以及平日里很想巴结胡雪岩的其他外国银行，也因为听说胡雪岩还不上汇丰银行的贷款，对他避之而恐不及；朝廷中的那些朋友也爱莫能助，如果纯粹是商业上的危机，相信以胡雪岩平时的为人，肯定会有很多人伸手相助，但是面对一个侵占公款的红顶商人，谁又有这个胆量插手呢？

胡雪岩不肯服输，他说自己是白手成家，是从无中生出有来，所有的钱都是自己赚来的，就算朝廷查封，没收他所有的财产，他也不怕，他还可以从头来。

但是那一年，胡雪岩已经五十九岁了。

我们中国人习惯上说，男人最怕的就是“九”，十九、二十九、三十九、四十九、五十九，这都是很难过的关口。岁月不饶人，一个五十九岁的老人，即便再有雄心壮志，他的体力还是不济的。所以经过这样的打击，胡雪岩一败涂地。

人生三阶段

胡雪岩的一生可以分成三个阶段：第一个是就业阶段，他一连成功地当了三个行业的学徒。第二个阶段是创业阶段，他自己当老板，不管是人家给他的，还是他自己赚来的，都是他自己努力得来的。而第三个阶段是很凄惨的，叫作败业，辉煌的事业自己败掉了。

我们认为胡雪岩很伟大，为什么？他牺牲了自己，给我们提供了一个很完整的案例。其实心平气和地想一想，所有的事业最后都会败掉，只不过是败在自己手里还是败在子孙后代手里的差别而已。《易经》告诉我们，有生必有死，有盛必有衰，有起必有落，这是自然的道理。我们看到百年老店都会油然生出一种敬意，因为我们中国人常讲一句话：天天有人开张，天天有人关张，一家字号能历经了上百年的风风雨雨屹立不倒，实在不是一件容易事。

胡雪岩的败业给了我们很好的教训。我常常告诉很多企业界的朋友：一家公司要成功，需要有好几百个理由；但是一家公司要倒闭，只需要一个理由就足够了。人也一样，如果要维持健康，那可是个系统工程，肝要好，胃要好，脚要好，手也要好，总之什么都要好，但是如果要死就很容易，只需一样不好就可以了。

胡雪岩其他什么都好，却偏偏留下了那个致命的把柄。原本别人就在找他的问题，可他自己却给对方提供了一个正当的理由。

事情刚刚暴露出来的时候，在西太后准备下令要处置胡雪岩时，恭亲王站出来为胡雪岩求情。恭亲王问西太后，胡雪岩的黄马褂是谁给的？西太后很聪明，马上就懂了，是她给的。如果她此时严肃处理胡雪岩，那就证明她给错人了。西太后有心要免胡雪岩一死，但是有致命的把柄在别人手里，人家肯定会步步紧逼。后来西太后迫于各方

胡雪岩的启示	一个人，要替自己的所作所为，担负全部的责任。 处顺境其实非常危险，处逆境反而比较安全。 当你得到一样东西时，你也同时失掉了这样东西。

的压力，最后还是决定要严惩胡雪岩。我们现在可以看出来，一个人一旦有了重大的过失，别人再怎么帮忙，也只是暂时的，也只是减缓事态过程，谁都不可能也无法全部替他承担。有一句话我们一定要印在脑海里面：一个人，不管你是谁，都要为自己的所作所为担负起全部的责任。谁也推不掉，推给谁都没有用。胡雪岩最后也是如此。

我们可以想想看，胡雪岩人生的三个阶段，最成功的是哪一段?

一般人可能会脱口而出：当然是他最有钱的那一阶段最成功。实际上却并非如此！胡雪岩最成功的阶段，应该是他年轻当学徒的时候。因为那时的胡雪岩，到哪里都勤奋好学，到哪里都受欢迎，到哪里都在不断成长。

胡雪岩最不成功的就是他飞黄腾达的那一段，所有的祸根都是这个阶段种下的。这期间，胡雪岩所有事情都很顺利，他才有那么大胆子，敢加码，敢灌水，敢拿回扣。如果不是那样，他怎么会有这么大的胆子？所以，我们从胡雪岩身上可以看出来，处顺境其实是非常危险的，处逆境反而比较安全。

一个人身处逆境，会小心翼翼，才不会太大意，更不会得意忘形。一个人顺起来，房子会盖得很大，东西也买得很多，就什么都不顾及，这是最危险的时候。一旦种下祸根，想抹掉都不行。我们一定要记住，当你得到一样东西时，你也同时失掉了这样东西。胡雪岩从贷款中得到好处之时，就替自己挖了一个很大的坑，最后自己不得不跳下去。

我们如果只研究一个从头到尾都很成功的人，一定得不到这样的经验教训。胡雪岩人生的曲线画得有头有尾，从成功到失败的过程也很完整，所以我们建议大家，多追究胡雪岩失败的原因，少去看他成功的那些要素。因为，就算研究出胡雪岩怎么成功的，你也没有一样学得了，因为时间、地点都不一样了，学了也不会成功。我们一定要搞清楚，任何人的成功都是没有办法克隆的，只能勇敢做自己。因为每个人有每个人的道路，天生我才必有用，每个人都要替自己走出一条属于自己的路来。我们应该多看看胡雪岩是怎么败的，这个比较重要。因为成功的理由，有千条不同，万条不同，可是失败的理由却似乎永远只有有限的那几条。

胡雪岩的教训

第一个，不要留下任何把柄。这是非常难的，胡雪岩有很多地方都做得很好，就是留下一个把柄而已，但这已经足够了！我们可以想想看，如果胡雪岩没有这个把柄，别人想打击他，他一定能撑得住。朝廷来查账，随便查，大不了都是生意上人欠人的事，又能怎么样呢？可是现在这一条，就使得胡雪岩整个泄气了。他一生从来没有这样泄气过。

就在胡雪岩把去谈判蚕丝买卖的外商从家里赶出后不久，他上海的一个朋友到杭州告诉他，汇丰银行的经理回国后交待了一切，朝廷已经知道了其中的内幕。听完这些话，胡雪岩当时笑着说没有什么，但客人一出门，他就整个人昏倒在椅子上。他知道完了，全完了，任何人都救不了他了。当一个人种下的祸根，使自己处于谁都救不了的境地时，除了自作自受，还能做什么？

第二个，不要让家事扰乱自己的事业。胡雪岩的家庭到最后是一团糟，他自己也知道，娶了太多的姨太太，对他是个很大的拖累。记住，如果同一个屋檐下，有两个女人，她们必须要有血缘关系，才能相处得好，否则的话就会闹翻天。一个屋檐底下，有妈妈，有女儿，她们可以处得很好，可如果是两个不同血缘的人，就会出问题。为什么婆媳总是相处不好？说到底就是因为她们没有血缘关系。女儿做得不好，母亲会原谅她说："我年轻的时候也跟你差不多。"母亲对女儿会这样想，但是如果是对媳妇，就会想："你怎么这样？你们家没有教养吗？"

胡雪岩的母亲处处替胡雪岩考虑，但是她做错了一件事，就是把胡雪岩在外面娶的姨太太统统接回家里，结果弄得天天斗嘴吵架，吵得胡雪岩根本没有办法回家过日子。

我们不是替胡雪岩讲话，他跟一般人不太一样，不是因为风流成性才娶这么多姨太太的。胡雪岩所有的姨太太几乎都跟他的事业有关系，有的是为了贷款方便，有的是为了某种生意的需要。比如胡雪岩在做蚕丝生意的时候，就娶了一位对蚕丝很内行的姨太太，然后就安排这个姨太太替他管理蚕丝业务。胡雪岩早期其实是禁止女人介入自己事业的，后来因为发展的需要，只好借助她们来为他分担生意上的一些事情。用现代话来讲，这些姨太太就是专业经理人，胡雪岩只是跟专业经理人建立一种特殊的关系而已。从这个角度看，我们会发现胡雪岩有他独特的一套。

可是，胡雪岩的母亲把这些姨太太统统接回家后，就使这方面的功能失去了，只会是整天吵吵闹闹，生出很多是非来。当然我们不能完全怪胡雪岩的母亲，因为以她的见识、以她的理解，她不可能体会到胡雪岩的用意。尽管胡雪岩没有对母亲发脾气，但是他对这件事情非常生气。胡雪岩在上海的时候，他的干部从杭州去向他汇报工作，然后跟他说起此事。他得知以后非常愤怒：接回去，统统接回去！让我一个人孤零零在外面好了！

可是，胡雪岩没有把这些想法跟母亲沟通，这也是他的不对。因为以胡雪岩的个性，很容易同母亲讲清楚，他只要说一句话：娘，您放心吧，您会生个风流成性的儿子吗？他这么一说不就都解决了吗？可胡雪岩长期不在家里，同时也没有心情解释这些，结果害得自己很麻烦。其实胡雪岩的姨太太都知道，胡雪岩没有把她们当女人看待，只是当作算盘里面的一个小珠子，嘀嗒嘀嗒地拨来拨去而已。

胡雪岩讨那么多姨太太，现在的我们非常不认可，尤其现代人更不能羡慕他。我们要吸取他失败的东西作为自己的教训，不要去学他在这方面的做法。胡雪岩的好处我们只能做参考，因为时代已经变了，我们根本没有办法学。你到哪里去找一个左宗棠？就算想尽办法找到了，我们国家的政策允许吗？

当我们知道了胡雪岩的结局之后，还要做一件事情，就是要看看他怎么去收拾这个必输的残局，这个很重要。

我们下象棋的时候，下到一半，如果发现自己的两个车都被吃掉了，马也快保不住了，炮也没用了，你的心情会怎么样？当然很着急。你怎么样来回应呢？有几个办法，一个说我输了，我投降认输；一个是"哗"一下，把整个棋盘推掉了，重新来，这盘不算；还有就是，借口说自己刚刚没看到才被对手吃掉了车，让对手把车还给你，不然就不下了。后两种做法不管怎么样，都是耍赖。胡雪岩的这盘棋下到现在，已经注定要输，他会耍赖吗？他会怎样收拾这盘残局呢？

[第十五章]

冷静收残局

胡雪岩墓地

胡雪岩花上千万两银子收购的蚕丝堆在仓库里，各省汇来的税款被李鸿章扣住，不能还汇丰银行到期的四百万两贷款。最要命的是，胡雪岩在贷款时多报利息的事情败露，慈禧太后大怒，不仅要胡雪岩加倍赔偿，还要严加处理。李鸿章的人借机煽动储户，到胡雪岩在各地的钱庄进行挤兑。大清国最富有的红顶商人胡雪岩，就这样一败涂地。

大难临头的胡雪岩没有选择自杀，也没有逃跑，而是开始冷静地收拾残局。他妥善地安置好了自己的母亲、夫人和十几房姨太太，又在无奈中使用权宜之计处理了大大小小的债务，并设法保全了胡庆余堂，甚至自己的身后之事，他都做了周密安排，以至于他去世后一百多年，都无人知晓他葬在何处。那么胡雪岩究竟是怎样收拾残局的？又是谁发现了胡雪岩的墓地？我们今天该如何看待胡雪岩的失败呢？

每个人对发生在自己身上的事情，都会有一个回应的态度。一般人到了胡雪岩这个地步是承受不了的，往往会以自杀的方式逃避现实。自杀的人是最懦弱的。胡雪岩没有自杀，没有选择逃避。胡雪岩一向的理念是：天若败，败我胡雪岩一个人，我决不连累其他人。

现在到了这个关头，他能兑现吗？他兑现了。

安顿家人

胡雪岩第一个想到的不是自己，而是他的母亲。中国人说的人生三大痛事：幼年失去双亲，中年失去配偶，晚年失去子女。而在这三大不幸中，胡雪岩的母亲有两件切身的痛苦经历。想到这些，胡雪岩觉得自己很不孝。

任何人不管有多大的成就，如果比父母先死就是不孝，因为没有比这种痛苦更让老人难以忍受的了。所以我们中国人，如果子女比父母先死，装到棺材里以后，还要在棺材上面打他：你这个不孝子，怎么可以先父母而死呢？所以胡雪岩知道，母亲是很可怜的，因此他向母亲下跪谢罪。但是他母亲老早已经想到胡雪岩会有这样的结局，所以她也看开了。

母亲经常告诫胡雪岩要小心，因为她觉得儿子太顺利了，心有不安。后来听说胡雪岩买卖军火，她更是感觉这是罪孽，觉得儿子不应该赚这种钱。当然我们不能说胡雪岩买卖军火是不对的，因为他所做的事情对国家有利。但是在胡母这样一个妇道人家的意识里，她总觉得这样做对家里是不吉祥的，所以她在芝园里面安设了一个佛堂，一心为儿子念佛祈福。因为心里有准备，母亲反而安慰胡雪岩："既然这样了，你好好去安排其他事情吧，我这里你暂时不要担心了。"

母亲这关过了以后，胡雪岩就跟他的大太太商量如何安排那些姨太太。我们曾经讲过，他的大太太是非常不愿意胡雪岩发财的，她宁愿跟胡雪岩过穷苦日子，也不愿过那种富贵荣华的日子，因为她觉得过穷日子心里更踏实。

其实这种事情大家真的要冷静想一想，胡雪岩的大太太不是随便乱讲的。人遇事会有预感，会有先兆，会感觉到有不对劲儿的地方。在胡雪岩刚刚发财的时候，胡太太似乎就已经有了某种预感，让她觉得不踏实。

胡雪岩跟他的大太太商量决定，把姨太太统统找来，请她们喝酒，在酒桌上说明一切。于是，酒桌上胡雪岩告诉他的姨太太们："现在我已经一败涂地，一无所有，没有办法再把你们留在家里了。你们吃完这顿饭以后，收拾好自己的东西，每人拿上几百两银子，离开胡府，各自去讨生活。"

这一幕与曹操当年临终嘱托颇为相似。曹操快死的时候，没有讲一些雄心大志的话，也没有讲一些和他身份相符的政治语言，他所说的都是一些跟普通百姓相同的话，让妻妾以后多做女红，各谋生活。

胡雪岩的姨太太看到这种状况，也没有什么办法，只好互相安

胡雪岩的启示	要到生死关头，利害相交的时候，才能知道一个人的真心。

慰：天下没有不散的宴席。酒席散后，这些姨太太们也结束了自己长短不一的胡府生活，各自走了。

到最后，家里除了胡雪岩的母亲和大太太，留下来的还有九姨太。中国人的数字很有意思，“九”跟“长久”的“久”的读音一样，说来也奇怪，八姨太没留下来，六姨太也没留下来，偏偏九姨太留了下来。九姨太是一个知书达理的人，她说自己既然嫁到胡家，生为胡家的人，死为胡家的鬼，再怎么穷，她都不会离开。一个人要到了这种生死的关头，要到这种利害相交的时候，才知道谁是真心的。其他人都走后，胡雪岩带着家人从那所占地十余亩的大宅院里搬了出来，在杭州郊区的一所房子里安顿下来。

处理产业

把家里安顿好以后，胡雪岩就开始应付外面的事情了，因为还有一个非常庞大的产业群在等着这位东家处理。

第一部分，贸易型资产。

这部分资产以生丝和茶叶贸易为主，其中生丝的结局前面我们已经讲过。与生丝贸易相比，茶叶贸易比较简单，买多少茶叶，就付多少钱，货款两清后就没有什么瓜葛了。以胡雪岩的性格，更是没有像其他人一样，细细计算，斤斤计较，而是非常利索地结清了这部分的账目。

第二部分，金融型资产。

就是以阜康钱庄为主的大大小小的银号和钱庄。中国人习惯把自己赚来的钱叫作血汗钱。为什么这么说呢？因为我们每一分钱都是用自己的血和汗水换来的。面对钱庄里储户得来不易的存款，胡雪岩没有选择直接宣布倒闭，因为他觉得那样太不负责任。对胡雪岩来讲，可能几百两、几千两，甚至几万两都无所谓，但是他知道，对于普通百姓，十两银子都可能是救命钱，那都是他们很辛苦地挣来的。胡雪岩知道自己必须负担相应的责任。

当然，我们都会想，如果能把所有人的钱都还上是最好的，以胡雪岩的为人，他更是希望能够如此。可此时他把所有钱都拿去也还是不够的。面对如此错综复杂又数额巨大的存款，胡雪岩怎么办呢？

想来想去，没有万全之策的胡雪岩在这个时候还是想了一个很有策略的“权宜之计”：他把存户分成三个等级，然后根据这三个等级，分别采取了不同的办法。

第一个等级，最穷的。就是那些会把几两银子、十几两银子、几十两银子都当作是命根子的老百姓，这些人赚钱很辛苦，一家人省吃俭用才积攒下这么一点点银子，而且这种情况的人数最多。胡雪岩不忍心烂他们的账，觉得如果不还上这部分人的账，自己死都不会瞑目。所以，他安排伙计，把这些客户的资料收集齐，整理好，然后挨家挨户地把本息送到他们的家里。

第二个等级，最有钱的。这一类都是得罪不起的客户，其中有大官，也有巨商，甚至还有大的地方势力。胡雪岩很清楚，如果这部分人的钱还不上，胡家的子孙往后都将难以生活，所以他规规矩矩地把这些大客户的钱连本带息派人送去。

第三个等级，中间的。这部分人用现在的话讲，就是小康之家。当然，按说这部分人的账也不应该烂掉，但是在这个问题上，本来就没有应不应该，烂掉哪个都是迫不得已。所以在没有办法的情况下，胡雪岩心一横：只能烂这笔账了，反正他们家也不差这些，否则怎么办呢？这也是无可奈何的权宜之计。可是，中间这些人会放过他吗？肯定不会放过他。

第三部分，胡庆余堂。

因为胡雪岩从建胡庆余堂之初就没有想要赚钱，所以到最后，胡庆余堂是胡雪岩剩下的唯一健康的实业资产。虽然胡雪岩在处理阜康钱庄的事情上费尽心机，但仍然有很多中间储户没有拿回自己的存款。就算这部分人不是有权有势，也大多不会像穷人那样死缠烂打，但终究会有人想尽一切办法要取回自己的存款。于是，在胡雪岩其他产业都清理完毕后，自然就有许多人找到胡庆余堂。一时间，胡庆余堂一片混乱，根本没有办法继续营业。按理说，钱庄是钱庄，胡庆余堂是胡庆余堂，但是在存款人心中，钱庄和胡庆余堂都是胡雪岩的产业，既然钱庄拿不出钱来，就要找胡庆余堂来要。所以，胡雪岩最棘手的问题就是如何处理胡庆余堂。

胡雪岩想，事到如今似乎只有一条路可以走，就是要凭借官府的力量保住胡庆余堂，因为只有官府才能下令，说阜康钱庄的账跟胡庆余堂无关，胡庆余堂要继续营业，不许滋事干扰。

可是官府会替胡雪岩做这种事吗？官府这样做合适吗？显然不合适。胡雪岩脑筋一转，就想到了一个人，就是刑部尚书文煜。胡雪岩跟文煜认识，是因为阜康钱庄分号开到北京以后，文煜把钱存到了阜康钱庄里，一来二去，两人交往得很不错。

文煜存在阜康钱庄北京分号的银子有五六十万两之多，以他的身份和地位，当然也是胡雪岩不能得罪的储户。可当胡雪岩派人把银子连本带息还给他的时候，他却不敢拿。因为他怕万一消息传出去，被慈禧知道了，一不高兴会治他的罪。文煜是个聪明人，他知道这个时候想办法保住自己最重要，所以他就捐出十万两送给慈禧太后。那个时候，慈禧最担心的就是国库空虚，而这时有人率先做出这个动作，慈禧当然觉得很好。于是，文煜就趁慈禧太后高兴的时候说，我有点儿钱存在阜康钱庄，现在胡雪岩破产了，钱是拿不回来了，所以我想要以债权人的身份扣押胡庆余堂。

本来胡雪岩这件事情，慈禧是交给左宗棠去办的。这也是我们中国人聪明的地方：这个人是你带出来的，是你培养出来的，他做错了事情，你应该负责。但是既然文煜捐了十万两银子给国家，慈禧觉得文煜这个要求也不算过分，也就同意了。

文煜来到杭州后，他跟胡雪岩说："无论如何你是保不住胡庆余堂了，就算我把胡庆余堂留给你，你也没有能力继续经营下去，倒不如由我来接管，这样还能留下这份基业。"

胡雪岩当然非常感激文煜，但是他也知道，如果他马上同意，就等于告诉别人，他们两个是串通好的，那就前功尽弃了。所以两个人商量决定还要演一出戏才行。

这两个人搭档得非常好，文煜接收胡庆余堂的时候，一个强要，一个就是不给。后来胡雪岩的下属跪求文煜，说愿意凑钱替胡雪岩还账，请求留下胡庆余堂。文煜依然斩钉截铁地说，我就是要胡庆余堂。最后胡雪岩颤抖着在文书上签字画押，把胡庆余堂的产权转移给了文煜。文煜把胡庆余堂接收过来，马上吩咐杭州知府出示布告，宣布胡庆余堂不再属于胡雪岩，名正言顺地把胡庆余堂保护下来。

我们今天来看，幸好当年半路杀出了一个文煜，今天才有这么好的胡庆余堂继续经营，让我们研究，给我们很多的启发。否则，以当时胡雪岩的境况和随后事态的发展，胡庆余堂很快就没有了，即便是能留存到今天，也只是留下个建筑的空壳子而已。

胡雪岩的一生如果没有留下胡庆余堂，他可能早就被世人忘记了。虽然他把胡庆余堂交给了文煜，但却让他的精神保留了下来，这正是他最初的愿望。如果你到杭州去，随便去问任何一个人胡庆余堂是谁的，我保证他都告诉你是胡雪岩的，没有人说是文煜的。

文煜接下胡庆余堂不到一年就死了，他把胡庆余堂传给了自己的儿子。但是文煜做了一件很重要的事情，就是继续沿用胡雪岩的雪记店号，私下里还给胡雪岩的子孙留下一些股份，叫作“招牌股”，以表示对胡雪岩创立胡庆余堂所花心血的回报。除此之外，文煜在接收了胡庆余堂以后，过年时的压岁钱照发不误，以前胡雪岩定下的规矩也都保持了下来，使得老员工都愿意留下来。

因此，我们可以说，胡庆余堂的保留是胡雪岩收拾残局里面一步很高明的棋。

财去人安乐

经过长时间的煎熬，胡雪岩总算把这些事情做了基本的了断，凭良心讲，这个残局他收拾得还是不错的。胡雪岩当时用以安慰自己的一句话是财去人安乐。胡雪岩真的安乐吗？他根本不安乐。但他的不安乐不是因为他的万贯家产没有了，而是因为自己晚了一步，错过了化解危机的最佳时机。

胡雪岩最后能跟文煜演这样一出戏，就已经很了不起了，但试想如果胡雪岩能提前一点儿，当他感觉到自己贷款拿回扣的事情快要暴露出来时，马上积极想办法来补救，或者提前做些准备，那样他肯定不会像最后那么紧张，他的时间也不会那么急迫，他还有点儿时间可以到京城去想些别的办法。

胡雪岩到京城去能做什么？起码他可以找到慈禧太后最听信的人——李连英。李连英是好人、坏人我们另当别论，但他能把死的说成活的，能够让慈禧太后听信于他，而且听到那个地步，可见他很有一套。李连英是这时候最有用的人。胡雪岩可以对李连英说，我赚这些钱不是为自己，而是想多为国家赚钱，我现在愿意把全部家产都拿出来献给朝廷，只保留一个胡庆余堂就好了。有李连英的旁敲侧击，依慈禧太后的性格肯定多少都会有些成效。如果这一步可以成功，那也是财去人安乐，但与迫不得已的财去人安乐比起来，简直是天壤之别。很可惜，胡雪岩到最后根本来不及找李连英了。

除了找李连英，胡雪岩还有第二条路可以走。他可以提前一点儿通过别人去跟慈禧太后讲，自己当时把这个利息加上去，实际上不是为了自己赚钱，而是为国家着想。而当时多拿的回扣，经过这些年的经营已经累积很多了，只要慈禧太后同意，这些钱也都可以捐献给国家。

胡雪岩甚至还可以在左宗棠得势的时候跟他讲，当时是为了筹措军火，迫不得已才那么做的，现在可以想办法把这笔钱奉献出来。以左宗棠在朝廷的地位和声望，应该完全有能力为胡雪岩趁早做些补救。但可惜的是，等到这个时候才想到财去人安乐，那已经做不到了。

其实上面这三个办法，只要时间允许，以胡雪岩做事的本领，都是很容易做到的。如果在当时这样做，也许真有补救的机会。但是时机已过，我们用现代的话来讲，叫作黄金时间已经过去了。时机一过，任凭胡雪岩有再大的本事，都已经回天乏术了。

中国人对时间概念的理解是很特别的。现在很多人受不正确的引导，觉得西方人很守时，而中国人没有时间观念。我们万经之始的《易经》里最重要的概念就是“时”。整部《易经》都告诉我们，时是非常重要的。中国人讲“一寸光阴一寸金，寸金难买寸光阴”，也是在说“时”的可贵，什么都可以买得到，但任何人不管花多少钱都无法买到时间，都无法让时机重来。

看了这一段之后，我觉得人经常是当局者迷，经常是一时糊涂。当然我们现在讲这些都是事后之明。但我们不妨冷静地想一想，用心地设想一下，如果你是胡雪岩，这种情况下，会怎么办？

淡化身后事

这些外面的事务处理完了以后，胡雪岩很清楚地意识到，该轮到自己了，因为他知道，自己来日无多，是安排后事的时候了。

中国人发达以后，一定会想到自己的祖先，所以胡雪岩也曾经把他的祖父、祖母迁葬在风水好的地方。作为一个炎黄子孙，当你发达以后，一定会先看看祖坟好不好，如果祖坟不好就想修一修或者迁一迁，这是中国人的常情。

胡雪岩迁祖坟的时候，正是他事业的顶峰。所以，他也给自己买了很大一片寿地。人死了埋进去叫坟地，人活着就先买下来叫寿地。这块寿地的面积很大，风水也很好，整个格局当时都是请高人指点过的，但是有什么用呢？在最后这种凄惨的情况之下，胡雪岩敢把自己葬在原定的地方吗？不敢！因为他知道，自己已经没有这个福分了。如果胡雪岩葬在那里，很快就会被挖出来。那么多年辛苦挣来的钱存到钱庄里，钱庄却倒闭了，怎么能甘心呢？所以肯定会有人要不顾一切地挖胡雪岩的坟。胡雪岩想到了这些，所以他交代自己死了以后一切从简。

接下来的时间里，左宗棠死了，文煜死了，下面就是胡雪岩自己了。左宗棠死后，慈禧太后面对各方的压力，在无数道奏折的请求下，下旨命浙江巡抚把胡雪岩抓起来，准备抄斩。幸好当时的官府还是有些体谅胡雪岩，传递公文的速度慢了些，等公文传到杭州时，胡雪岩已经先一天过世了。

1885 年 11 月的一天，胡雪岩走完了他六十二年的人生历程。胡雪岩五十九岁时出事，辛辛苦苦支撑了两年，刚刚把残局收拾得差不多的时候，就撒手西去了。如果当时公文早一天到，胡雪岩就要死在狱中了。这看起来平常的一天，也许就是老天对胡雪岩的补偿。案子因为胡雪岩的去世后来就销案了。

关于胡雪岩的身后事，还有一段很有趣的传说。

胡雪岩临终前告诉家人，说自己死后的第三天，门外会有一个戴

胡雪岩的启示	对每个人来说，任何一段经历都是很宝贵的经验。

着铁帽子的人，他嘱咐家人一定要把那个人请进来，剪一块寿衣给他。家人听了觉得很奇怪。

胡雪岩死后第三天，门外果然来了一个戴铁帽子的人，家人想起胡雪岩的话，赶快把戴铁帽子的人请进门来，并按照胡雪岩的交代，从寿衣上剪下一块交给戴铁帽子的人。那个人拿了那块寿衣布，什么也不说就走了。

这个人是谁？是专门盗墓的人。盗墓是自古以来就有的一个行业。他们的情报很灵光，哪个富翁要出殡了，埋葬在什么地方，陪葬些什么东西，这些盗墓的人都会来探路。探听清楚后，他们就准备去盗墓了，盗墓的人就是靠挖陪葬的财宝赚钱的。在胡雪岩这个曾经的红顶商人要出殡的时候，这些盗墓的人肯定会来探听情况，他们猜想胡雪岩再怎么样也会为自己藏下不少珍宝。但是出乎他们意料的是，胡雪岩这个不折不扣的“杭铁头”，来去竟然如此干净，就连寿衣都跟纸片一样薄。所以盗墓者觉得没什么值钱的东西，只好灰溜溜地走了。

胡雪岩从一无所有到富可敌国，最后一败涂地，又回归到了原点。我们不禁想问一个问题，如果事先知道自己这辈子也会从一无所有到高峰，然后又回到一无所有，你有什么想法？会不会觉得自己白活了，很后悔？胡雪岩倒是讲过一句话，他说我几十年的所得，到最后几乎是一场空，但是没有什么后悔的。我们应该明白，就算到最后是一无所有，但是该做的事情还是要做，因为对每个人来说，任何一段经历都是很宝贵的经验。

虽然胡雪岩所拥有的万贯家产在他生前就已经没有了，但是胡雪岩为社会、为国家所做的贡献就是他所得到的。一百多年以后我们还在讲他的事情，这就是胡雪岩的所得。但是他犯下的错误我们也不能忽略，要引以为戒。

所以讲到这里，我们就劝所有的人，一方面以胡雪岩为师，学习他的长处；一方面以胡雪岩为戒，警戒他的错失。胡雪岩不是神，也没有人是神。只要人活着，还在吃饭，只要还在呼吸，就不可能是神。是人就要犯错，所以胡雪岩犯的错误我们要时时刻刻放在脑海里：做人一定要实实在在、诚诚恳恳、规规矩矩。万一偶尔有什么不得已的变通，如果事后发现不对，要及时去补救，千万不能拖。因为一旦拖到无可挽救的时候，只能自己去承受，任何人都救不了。

胡雪岩的墓地

说到胡雪岩的墓地必须要讲到两个关键的人。

一个就是那位不肯随众人离去的九姨太。

当年大家都被遣散了以后，只剩他们几个人从豪华的胡宅搬出来。九姨太像往常一样陪伴着胡雪岩，她没有因为胡雪岩以前有钱就服侍得很好，现在没有钱了，就随便一点儿或者看不起。她跟以前一样，有什么事情都抢着做。

胡雪岩死的时候，胡母年事已高，胡太太当然也承受不了这种沉痛的打击，所以整个后事都是九姨太在操办。九姨太把胡雪岩安葬了以后，平静地回到家中，自己上吊自杀了。胡雪岩到底葬在哪里，她没有告诉任何人，这个秘密似乎也随着她去了另一个世界。一百年来，没有人知道胡雪岩葬在哪里。

一百多个年头过去了，经过了很多人世的改变，清朝不见了，胡庆余堂也数次易主。直到公元一九九零年，仍然没有人知道胡雪岩的墓地在哪里。这时候出现了和胡雪岩墓地有关系的第二个关键人物——赵玉城。

赵玉城是一位在胡庆余堂服务了五十多年的药工，赵玉城心里想，这样的人死了以后都不知道葬在哪里，这不是很遗憾吗？同时他也知道胡雪岩的后人也很想找到，只是不方便，所以他就觉得自己应该去找。就这样，没有人命令他找，也没有人给钱雇他找，他自告奋勇，从一九九一年初开始，六十六岁的赵玉城开始寻找胡雪岩的墓地。

冯根生（左一）、赵玉城（右一）与胡氏后人祭扫胡雪岩墓

功夫不负有心人，赵玉城花了将近两年的时间，一圈一圈辛苦地找，终于在一九九二年四月二十六日，找到了胡雪岩的墓。赵玉城发现的时候，墓碑已经倒了，他请了人帮忙，一撬过来，上面隐约有“胡雪岩”的字样。当时赵玉城很兴奋，请人把墓碑抬回到胡庆余堂，他认为自己做了一件很有意义的事。随后赵玉城又找到他的一个同门，就是我们前面介绍过的，胡庆余堂在一九四九年的关门弟子，青春宝公司的董事长冯根生，他一听到这个消息，就赶快联络杭州政

府，然后又把胡雪岩的墓重新修造起来。

我每次到杭州，只要时间允许，都会到胡雪岩的墓地去看看。起初墓地很荒芜，交通也不方便。现在交通比以前方便得多，从杭州只需要半个小时的车程就可以到达，经过冯根生董事长重新修缮的墓地，四周环山，绿树成荫。

[第十六章]

自作自受

胡雪岩（1823—1885），胡庆余堂创始人，因屡建奇功，被清朝皇帝赐与二品顶戴，终成显赫一时的“红顶商人”

从一个小山村的放牛娃，到大清国最富有的红顶商人，胡雪岩是一个传奇。然而，在替清政府向外国银行贷款时，他多报了利息，给自己留下了一个污点，给别人留下了一个把柄，最后东窗事发。在多重压力下，他倾家荡产，一败涂地，郁郁而终。

胡雪岩的一生就这样不了了之，清廷对他的案子也是不了了之。可是，一个人死了以后，总要盖棺定论。胡雪岩的一生，有令人羡慕的巨大成功，也有令人痛惜的惨重失败，我们应该好好思考一下，胡雪岩到底做错了什么？他有些什么遗憾？他的一生，对我们又有什么启示呢？

胡雪岩对自己一生中的每件事情，好像都事先预料得好好的，甚至连死了以后的事情，他都能够安排得很妥当。

胡雪岩有没有遗憾呢？肯定有。他的遗憾是什么？一般人可能会想当然地说：是不是惋惜自己的万贯家财就这样烟消云散了？是不是觉得自己被人家故意陷害了？我们说都不是。

胡雪岩的遗憾

一个人失败了，总是向外面去找原因，那是绝对找不到的，因为所有的事情都是自己造成的。所以孔老夫子告诉我们：反求诸己是唯一的出路。没有人害得了胡雪岩，只有他自己可以害自己；也没有人帮得了他，他一直是自己帮自己。所有的事都是他自己做的，所有的后果都是他自己受的，一切都是他自作自受。

所以，胡雪岩自己检讨：我最大的遗憾究竟是什么呢？就是没有好好地学范蠡，没有像范蠡一样功成身退。

一个人成功以后就要知道，所有人都在盯着你，并且想办法找出

胡雪岩的启示　赚钱不是目的，钱只是人做事的工具。

你的软肋来攻击你。此时，似乎只有向后退才是最好的办法。可是往往上台容易下台难，一旦上到台上，就把什么都忘记了，连台阶在哪里都不知道，又怎么下得去呢？何况，大部分的人根本就不想下去，就像胡雪岩一样，不知道什么叫功成身退。

很少有人注意，范蠡离开勾践以后，曾经三次赚到很多的钱，而他三次都把这些钱财散掉了。很多人研究范蠡，也只研究他如何帮助勾践雪耻，如何携西施泛舟西湖，而这些绝不是这位商圣真正的成功之道。

胡雪岩最大的遗憾就是只知道范蠡很成功，只知道范蠡很会经商，只知道范蠡很会赚钱，却没有注意到，范蠡一旦聚来钱财以后，总是赶快散出去，这样才不至于招致祸患。

胡雪岩没有听明白的五句话

胡雪岩的母亲有一句话经常挂在嘴边：儿子啊！你不要老想着赚钱，你要想一想，赚这么多钱干什么？凭良心讲，这种话只有他母亲才能讲得出来，别人不可能去提醒他。

可是，胡雪岩却总是说：娘，您放心，不会怎么样的。因为他自信地认为，只要自己不背信弃义，不伤天害理，多赚些钱只有好处没有坏处。道理似乎是没有错，胡雪岩那时所坚守的信义和天理，现在的某些商人也还比不上他。但是胡雪岩还是败在了这句他听了几十年都没有听懂的话上。

钱是什么？钱是老天来考验我们的第一关，叫作钱关。很多人一辈子连钱关都过不去，这是很悲哀的事情。因为赚钱绝对不是目的，钱只是人做事的工具。

一个人一旦把赚钱当作目的，则迟早会死在钱上。一个有智慧的

胡雪岩的启示	当事情太顺利的时候，需要更加格外小心。

人，不会一味地赚钱，不会为富不仁，他会想自己赚钱是为了什么。是要改变自己的生活，进而帮助需要帮助的人，这样才不会过不了钱关，栽倒在钱上面。

胡雪岩也没有听明白父亲临终时对他讲的话。虽然父亲在他十二岁的时候就死了，但他父亲讲了一句很重要的话：将来能够把家运振兴起来的大概只有你了。胡雪岩从中听出了父亲的期盼，但却没有明白更深一层的含义。什么含义？就是说要安分守己，不要太过分。胡雪岩没有听出这层深意，他冲得太厉害了。

在事业初创阶段，不到一年的时间里，胡雪岩和结拜兄弟王有龄创下了让世人瞩目的局面，王有龄当时就很实在地跟他讲：我的心里头实在有一些恐惧，有一些害怕，因为我们太顺利了。然后王有龄讲了一句话，福兮祸之所依。其实也是在提醒胡雪岩，在最顺利的时候更应该谨慎和小心。

胡雪岩当时没有听进去，他反而觉得王有龄不够沉着。其实王有龄的担心不无道理，当事情进展太顺利的时候，大家更要格外小心。现在看来，胡雪岩似乎最终也没有真正听明白王有龄的这句话。他只顾着向前冲，却没有静下心来仔细想想自己一路走来有什么不妥。

很多人没钱的时候，能够安分守己，一旦有了钱，就很大胆地去冒险，结果却丢了性命。胡雪岩的老板把财产交给他的时候也曾告诉他要谨慎小心，不要像晋朝的石崇那样因为钱财太多而把自己害死。当局者迷，旁观者清，大家都明白这个道理，不断地提醒他要小心，可是胡雪岩一直没有足够地重视这一点，还是很不幸地掉入了这个陷阱。

当胡雪岩越来越顺的时候，他的胆子也越来越大，更没有前思后想。这样，阴阳的平衡就失调了。一个平衡的人，在自己得到很多好处的时候，应该想到已经有了很多坏处；在自己过生日的时候，也要想想自己的生命又少了一年。就是这么简单的道理，一点儿都不高深。

我们很懂得阴阳，但是在平衡方面却很少关注。作为一个中国人，千万记住，平衡非常重要。其实我们中华文明整个的学问就是要讲究平衡，体内要平衡，外面要平衡，人际关系要平衡，所作所为也都要平衡。如果不平衡了，就要想办法把它调整平衡。人生在不同的阶段会有不同的平衡要求，需要你适时调整。但是胡雪岩在最关键的阶段却没有主动调整，反而就这样一路闯下去，闯到发现前面是万丈悬崖的时候，任何人都已经回天乏术了。

左宗棠一而再、再而三地告诉胡雪岩：就算不为功名，也要多读点儿书。遗憾的是，胡雪岩没有听进去。

左宗棠对胡雪岩很依赖，很赏识，也非常感谢。基于这三种心理，左宗棠像长辈教育晚辈一样教导胡雪岩。这种教导，贯穿于他们交往的整个过程。

因为，中国人读书和西方人读书不一样，西方人读书是为了求知识，中国人却不是。中国人认为，与知识相比，道理更重要。所以，中国人认为，读书最重要是为了明白道理。

也许有朋友会问，那个时代的出版业又不像现在这么发达，读来读去都是那有限的几本书，又有什么好读的呢？其实我们的祖先非常高明，他们把所有的人生哲学都浓缩进了几本经典之中，只要时时去读，一定会有自己想要的答案。虽然书不会变，可是人的思想会随着年龄和经验的增加而变化，所以，每次读同一本书也都会有不同的感觉，这也是作为一个中华子孙很幸福的地方。

关于读书，我们还有一个三国的故事和大家共勉。

东吴的吕蒙，是一个博学多才的人，周瑜死后，他继任都督，派部将潘璋杀死了关羽。但是吕蒙原本是一个不务正业、不肯用功的人，更没有什么学识。孙权让他多读些书，他却推说自己没有时间。

孙权就问他："是你忙还是我忙？"吕蒙回答："当然是主公忙。"于是孙权很不客气地教训他说："我比你忙，我都有时间看书，你凭什么说你没有时间看书？"就这么一句话，让吕蒙觉得非常惭愧，从此发奋读书。

鲁肃一直觉得吕蒙没有什么可取的地方。可是，当他再次见到吕蒙时，却发现吕蒙谈吐非凡，很有知识，简直变了个人一样，不免惊异，便跟他开玩笑说："现在你既英勇，又有智谋，再也不是以前那个吴下阿蒙了。"吕蒙回答说："士别三日，当刮目相看。"

胡雪岩几次读三国故事，却没有读懂这一段，很可惜！

左宗棠很清楚读书明理的道理，所以他多次提醒胡雪岩。但胡雪岩没有领会到这一点，导致后来有些道理他根本想不通。人不是天才，不是天生什么都懂。我们每经一事就要长一智，要从过程当中去体会道理。因为天底下道理最重要。

我们就中国人常讲的道理，来分析一下胡雪岩的做法。

第一个是成全。胡雪岩这方面做得非常好。他成全谁？他成全左宗棠。左宗棠要做的事情，胡雪岩全部都支持，他看似站在幕后没有功劳，但我们不会忘记他做出的贡献。我们也没有亏待他，我们知道，他辅助左宗棠收复新疆，功不可没。所以一个人不必去争功劳，最后大家会认定的，胡雪岩懂得这个道理，也做得很好。

第二个分享。胡雪岩有善心，懂得与人为善和分享。左宗棠攻克杭州，胡雪岩施粥施药；胡庆余堂成立，他连续送药三年。虽然他有自己的一点儿私心，但他愿意与人分享的想法还是很值得称赞的。一直到现在，胡庆余堂还会定期送药，送香囊，当然今天施粥已经没有什么意义了，但胡庆余堂里备有茶水，大家可以随时取用。一个会跟别人分享，一个愿意用自己的能力去帮助别人的人，胸怀是宽广的，目光是远大的。

胡雪岩的启示	人生要随着自己的发展，不断地进行阶段性的调整。

第三个情理法。中国人讲情、理、法，大家认为这三者哪个更重要？西方人认为是法重要，一切依法办理；中国人是理重要，所有事情都要合理解决。中国人只要讲一句话，这样不合理，所有人就都很紧张，因为不合理不行，我们所重在理。你做的不合理，很多人就是不欣赏，就算你合法，大家还是有意见。西方人的事情一旦合法，他们就不动脑筋了；中国人光合法不行，还要合理，叫作合理合法。所以从这个角度讲，中国人的要求比较高，要合理合法，不是单纯合法而已。

中国人还说要合情合理，但光是合情就很可怕，那就变成人情包袱，怎么得了？人要有感情，但不能有包袱，所以合情一定要合理，合理一定要合法。我们不会单纯说讲人情就可以，也不会说遵守法律就可以。

胡雪岩在这方面的理解，还是有所欠缺的。胡雪岩的某些固执，限制了他晚年的某些思考，情理法三方面的平衡，他拿捏的不是很好。所以，虽然胡雪岩身上有那么多超越常人的地方，但是也经不起小小的疏忽，一点点的缺失就招来彻底的失败。我们今天有幸能分享这么完整的案例，更要明白活到老学到老，不断懂得道理，做人才有价值。

人生需要阶段性的调整

胡雪岩一路走来都非常顺利，可是最后却栽了一个大跟头，这是为什么？就是因为他忽略了一句话：人生需要阶段性的调整。只要一个阶段没有调整过来，非败不可。我们为胡雪岩感到遗憾，这是他一生很大的失败。

胡雪岩一直认为，虽然读书不多，可是自己比读书人还要聪明。但是，在他当小学徒的时候，他的聪明够用；在他当小老板的时候，他的聪明也够用；但当他迅速发迹，成为富可敌国的红顶商人时，他的聪明似乎就不够用了。这就是因为他在那个阶段没能做出所应有的调整，没能和大清首富的身份协调起来。

我们看人看事总喜欢分个优点缺点，说优点是什么，缺点在哪里，这是不太妥当的。我们要搞清楚，一个人的优点就是他的缺点，一个人的缺点也恰好是他的优点。

民族性也是一样，太多的人说这个民族好，那个民族不好，其实没有这种事情。每个民族都有自己民族的特性，只是这个民族区别于其他民族的特点而已，是这个民族在这个生态环境里面自然形成的一种特性，没有好与坏的分别。我们不能说用筷子吃饭比较好，用刀叉吃饭就不好，那是不对的，你习惯用刀叉你就用刀叉，习惯用筷子就用筷子，何来的好坏之分。

我在美国的时候，很多人问我什么叫神通？我二话不说，给他一碟花生米和一双筷子，让他用筷子一个一个把花生米夹到嘴里去。结果他夹一个漏一个，半天也没送到嘴里一个花生米。然后，我拿起筷子，很利索地夹一个吃一个。在他目瞪口呆的时候，我告诉他：这样就是神通。这很容易理解，当你把一件事情做得很熟练了就叫神通，这有什么稀奇的？一个从来没用过筷子的外国人要拿筷子夹花生米吃，门儿都没有！但是如果下功夫练习，他也一样能用得很熟练。这能说孰好孰坏吗？千万记住，不要受那种错误观念引导，我们不需要完全跟外国人一样，也不要故意去排斥人家。中华民族最可敬、最可爱的就是心胸很广阔，包容一切，目光远大，放眼未来。

每个人也是这样，无所谓优点或缺点，只能说我们每个人身上都有不同的特点。我们也不要说这些特点是优点，那些特点是缺点。同样一个特点，可能在这件事上是优点，在那件事上就是缺点；在这个阶段是优点，在那个阶段就是缺点。

胡雪岩每一个阶段都有他鲜明的特点，这些特点在他事业的初创阶段，可能都立下过汗马功劳；但是当他的事业进入下一阶段后，这些特点就必须进行一定的调整。如果没有相应的调整，曾经让他很成功的特点，就可能马上会成为他下一阶段的绊脚石。很显然，胡雪岩没有把自己的特点和人生的不同阶段相配套。

胡雪岩的三大缺失

第一个，胡雪岩对自己缺乏比较远大的期望。这个说起来有人觉得好像是个笑话，胡雪岩已是官封极品了，都是大清首富了，还对自己缺乏远大期望？事实的确如此，胡雪岩只是认为自己是一个很会赚钱的商人，他从来没有想到自己会有那么大的影响力，也从来没有想到自己能够做这么大的事情，更从来没有想过自己在国家的体系中会有那么重的地位。如果他想到过这些，绝不会败到这种地步。

第二个，胡雪岩不明白政界比商界更危险。他曾经跟王有龄讲过一句话：商界跟政界是一样的。不可否认，这两者在某些地方是一样的，但是胡雪岩不明白父亲为什么告诉他可以从商而不能从政。政治是高度危险的东西，除非你有足够的条件，否则最好不要参与。一个没有受过完整训练的人，一个没有很好背景的人，如果参与了政治，迟早会被斗垮。我们看到了，连左宗棠都很难斗得过李鸿章，更何况胡雪岩呢？胡雪岩凭什么跟李鸿章斗？才两三下，胡雪岩就被斗跨了。

第三个，胡雪岩没有把家里安好。我们中国人讲，做什么事情都要让自己没有后顾之忧。什么叫后顾之忧？就是家里面的事情你不必操心。但是胡雪岩家里总是吵吵闹闹，他根本就没有办法像以前一样静下心来思考，也就没有办法稳稳当当地走完人生路。我们用一句很不客气的话讲，这个他不能埋怨任何人，完全是自作自受。

胡雪岩的启示	古今中外只有一条规律，所有的人都要自作自受。

一般人听到自作自受就认为是坏字眼儿，其实它可以算是一个中性词。成功是自作自受，失败也是自作自受；活得很久是自作自受，很快就死掉也不过是自作自受。我们完全没有必要把它当作是带有贬义的词汇。每一个人都要了解，天底下只有一条规律——自作自受，古今中外，任何一个人都没有例外。

一切都是自作自受

胡雪岩成功了，成功得让人那么羡慕；胡雪岩也失败了，失败得让我们今天想起来都觉得凄惨。这样一个强烈起伏的过程，留给我们什么样的启示呢？

每个人作为一个有尊严的生命来到这个世界，都要找到一个定位，每一个人从出生开始就有了一个属于自己的坐标原点。然后这一生就只做一件事，人人都一样，非常平等——就在自己的坐标系上，从原点开始，画一条人生曲线（如图 1）。

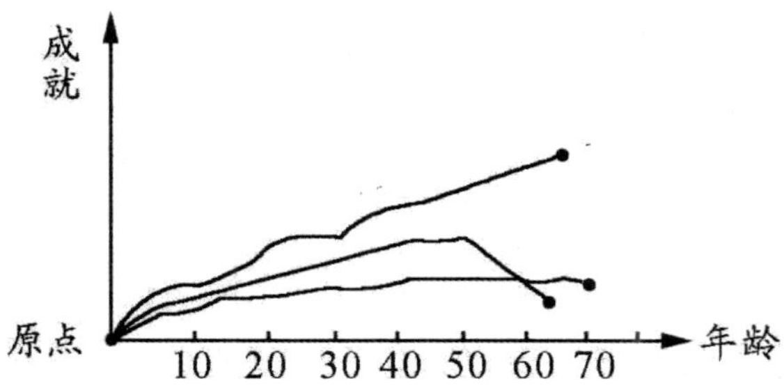

图 1

胡雪岩的一生也是一样，这条人生曲线记录了他的成功与失败，欢乐与痛苦，更有他的开始和结束，曲线画完了，他也走到了生命的终点（如图 2）。

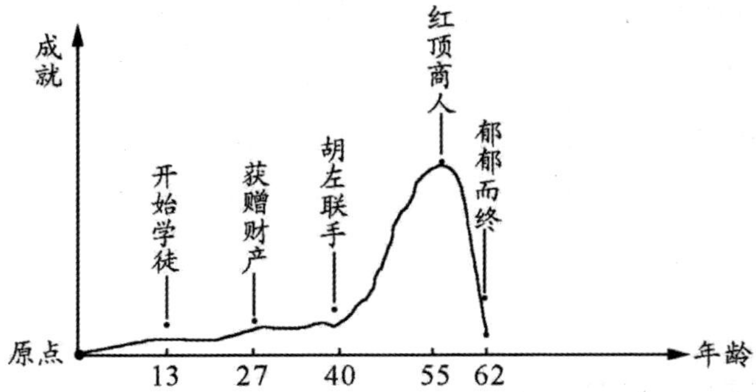

图 2

我们每个人的一生都有几个关键点。胡雪岩的一生也有几个重要的关键点：十三岁，他离开家到外面当学徒；二十七岁，于老板将阜康钱庄赠送给了他；四十岁，胡左联手，开始大展鸿图；五十五岁，建成一生基业胡庆余堂，达到人生最高峰；六十二岁，事业彻底败落，郁郁而终。

每个人的人生曲线都是不一样的，我们大部分人最理想的曲线应该是这样：一路慢慢走，不要有太大的起伏和波折，没有陡峭的高峰，更不要有幽深的低谷（如图 3）。所以，我们很难像胡雪岩一生的起伏那么大。

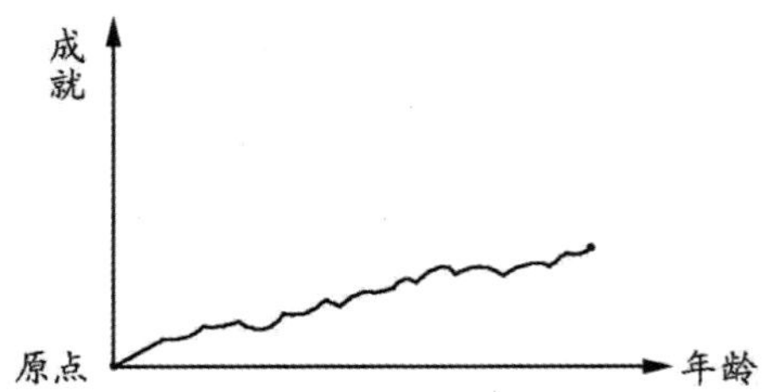

图 3

如果走到人生最高点的时候就死了，那么人生是最愉快的，那叫死得其所（如图 4）。

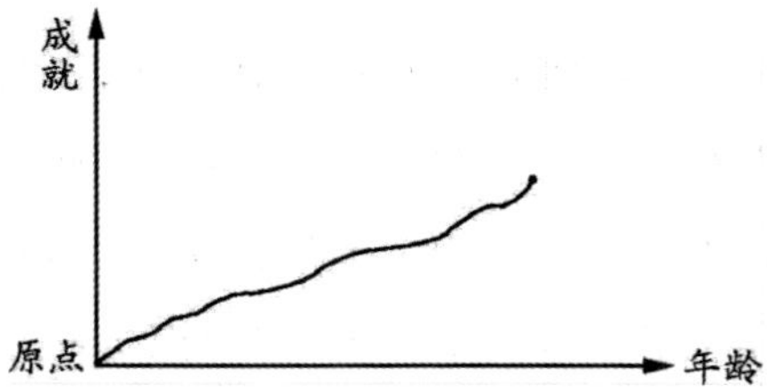

图 4

如果跑到一半就死了，不免令人惋惜，那叫半途而废(如图 5)。

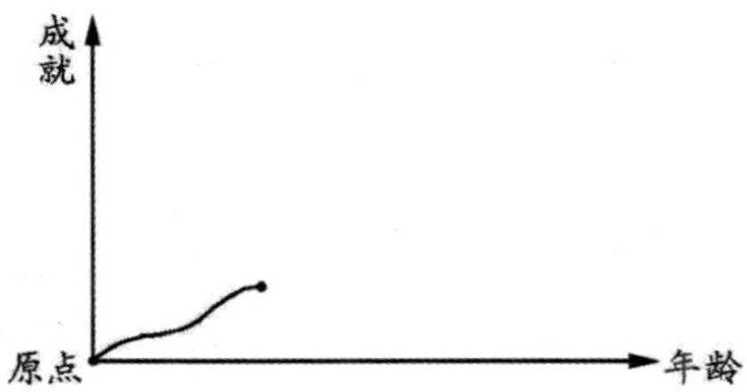

图 5

如果爬到了很高的地方却一不小心掉下来摔死了，那又太冤枉了（如图 6）。

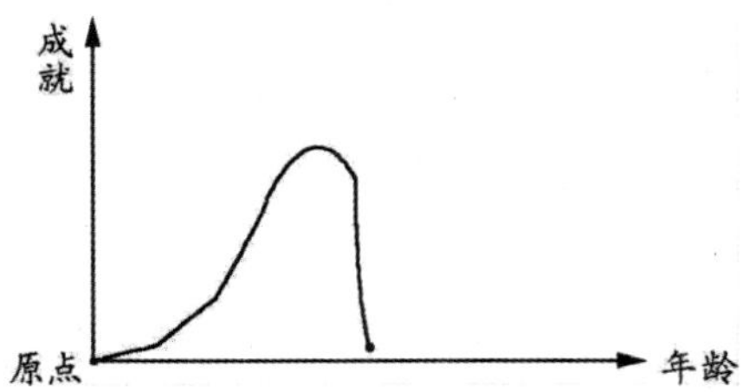

图 6

在人生的道路上，我们有一个共同的起点，就是在父母把我们刚刚生下来的时候，这个起点每个人都一样。所不同的就是，随着慢慢长大，我们怎么去画属于自己的人生曲线。人生的曲线是每个人自己画的，任何人都无法代劳。因为每一个人都是在执行自己的人生规划，然后自己去承担相应的结果。

胡雪岩的启示	与其早成功，不如晚成功；与其晚失败，不如早失败。 每一个人对自己的所作所为，都要负起全部的责任。

我们都学过物理，任何东西抛到最高点之后就会往下掉，谁都抵挡不住。胡雪岩的人生曲线就像一条典型的抛物线，在他到达最高点以后也一定是往下掉的，不会例外。从这条曲线我们可以了解到，最好的办法就是尽量不要让自己走到人生的最高峰。我们去爬山，如果很快爬到山顶上，之后就该回家了。如果我们一边爬，一边看风景，虽然会慢一点儿，但是这个过程才会比较有意思，何必着急呢？所以说，人与其早成功，不如晚成功。同样道理，与其晚失败，不如早失败。因为年轻人一两次失败还爬得起来，年纪大的人摔一次跤就要进医院了。

人生最大的乐趣就是都知道自己会死，但是却不知道什么时候会死，不知道会以什么样的方式死，这才有趣。这样我们才会尽力让自己随时可以找到一个比较好死的状况。每一个人一定要记住，未来是自己创造出来的，别人不会干预我们。没有人能够害你，也没有人能够帮你的忙。我们常常讲"都是他害的"，这是推卸责任。他想害你，你自己没有任何把柄，他害得了你吗？害不了。我们有时说"谢谢你帮忙"，这也是客套话。他帮你忙，给你机会，你自己不争气有用吗？没有用。千万千万记住，每一个人对自己的所作所为都要负起全部的责任。

有这样的意识你就知道，我们讲每一句话，做每一件事情，后果自己都要全部承受，没有人逃得掉。胡雪岩好的是自作自受，坏的也是自作自受，赚钱是自作自受，垮台还是自作自受。很多事情我们把它搞清楚以后，才会知道怎么安顿自己，才能知道如何做到心安理得。人生所追求的就是随时随地都能够心安理得，这一点胡雪岩给我们带来很好的榜样。

胡雪岩有没有想到，他死后一百多年我们还在研究他？当然不

胡雪岩的启示	做人应该只问耕耘，不问收获，因为收获不是自己能掌控的。

会，就算他当初想到也没有用。这又是什么意思呢？有一句话非常重要，叫作“尽人事以听天命”。胡雪岩后来为什么那么惨？就是他爬得太高。我们能控制自己不爬那么高吗？不能。

胡雪岩可以说是尽了人事，但最后结果会怎么样，他没有办法控制。一个人能一生都不犯错，那当然是最好的，但这几乎也是不可能的，因为有时候很多的条件使得你根本就过不了那一关。有了错误，最好的办法就是把错误改过来，可当对手不放过胡雪岩的时候，他的态度是那么无所谓，不放过就不放过。胡雪岩很坦然，这才是应有的态度，这就叫尽人事以听天命。

人可以掌握过程，但人不能控制结果。从这个角度我们就可以看出来，胡雪岩给我们的启示就是：只问耕耘，不问收获。做人应该只问耕耘不问收获，因为收获不是你能掌控的，你老问它干什么呢？

过程可以控制，所以只问耕耘。结果无法掌控，所以我们根本不去问收获，有多少就算多少。当然会有很多朋友不认同这种说法，认为这样说太消极了。但是我只想说，人是不是只应该为自己能控制的部分而努力？当然是！所以只为如何耕耘而努力——因为耕耘的过程可以控制；不问收获——因为收获我们控制不了。如果你认为收获可以控制，那你去控制好了，我们也不必打口水仗——你去控制好了。耕耘就是为了收获，这是大家都明白的道理，况且多耕耘就是为了多收获。但是收获多是不是一定好呢？

胡雪岩知道一句话，“天道忌满，人道忌全”。当水库里面的水满了就流出来，当大地的能量积蓄到一定程度就会发生地震，这都是必然的自然现象。同样的道理，收获越多越好，是人人都想要的，只是别多到满的状态。一旦满了，流出来的速度和震荡的幅度绝对是你想象不到的。

天道忌满，所以不能太满；人道忌全，可我们现在却都很喜欢求

胡雪岩的启示	人不要求全，应该知足，而只有守分才会知足。

全：最好又可以当大官，又可以有很多的财富，然后自己又健康长寿，家里又富丽堂皇，再加上子孙每一个都很孝敬，成绩又都很好，前途无量……

曾经有一个人就是这样，月亮很圆的时候，他点了三炷香祷告："老天啊，你保佑我，让我福禄寿俱全啊，让我儿女争气啊，让我健康长寿啊，让我永远有钱啊……"老天听到这里，说："那我干脆当你好了！我一天到晚保佑人家，结果我还不如你，我还当什么老天，还不如当你好了！"

所以中国人讲一句话：委曲求全。就是如果你想要全，就一定要委屈，就是有些地方一定要让给别人。你什么都要，绝对会跟人家斗起来，结果一定是同归于尽。现在太多人要求全，那不求全应该怎么样呢？应该知足。一个人如果永远不知足，就说明你永远不足，想想这也是非常简单的道理。

一个人就是要有知足的限度，才会讲"我足矣"。各位不妨想想自己有没有讲过"我足矣"这句话。一个人，要守分才会知足，不守分是不可能知足的。守分一点儿不消极，因为我已经尽力了，我只能做这么多，那就做这么多，自己也会很知足。

今后大家到了胡雪岩故居，到了胡庆余堂，多想想无形的东西，多看看别人看不到的地方，就会得到很多很深刻的启示，这样对自己、对家人、对朋友甚至扩展开来说对整个现代的社会，才是真正有价值的。